都道府県別

日本の伝統文化

③中部

国土社編集部／編

国土社

都道府県別 日本の伝統文化 ③中部

[目次]

●コメと酒どころの新潟県 4
- 伝統工芸　本塩沢 4
- コラム　最高級品の「越後上布」って？ 5
- 郷土料理　のっぺい汁／へぎそば／笹寿司 6
- 祭り　むこ投げ 7
- なぜ？どうして？　どうしておむこさんを投げるの？ 7
- 芸能　綾子舞 3
- 民謡　佐渡おけさ 9

●雄大な山と海の富山県 10
- 祭り　出町子供歌舞伎曳山 10
- 芸能　越中の稚児舞 12
- 伝統工芸　越中和紙／井波彫刻 13
- 郷土料理　ます寿し／ぶり大根 14
- 民謡　越中おわら 15

●工芸王国、石川県 16
- 伝統工芸　金沢箔 16
- 　　　　　輪島塗／加賀友禅 18
- 祭り　あばれ祭／金沢百万石まつり 19
- 郷土料理　治部煮／かぶら寿し／いしる料理 20
- ご当地グルメ　各地でつくられる「魚醤」 20
- 芸能　尾口のでくまわし 21
- 民謡　能登麦や節 21
- 伝統の再発見!!　歴史と文化が息づく小京都・金沢 22
- なぜ？どうして？　「小京都」ってどんなところ？ 23

●産業が発展する福井県 24
- 祭り　敦賀まつり 24
- 芸能　水海の田楽・能舞 26
- なぜ？どうして？　行事の前に行われる「別火」 26
- 郷土料理　越前おろしそば／さばのへしこ 27
- 伝統工芸　越前和紙／越前焼／若狭めのう細工 28
- 民謡　三国節 29

一緒に伝統文化を学ぶ仲間たち

りゅうやくん
みんなのリーダー。あらゆるものを人より先に発見して、伝えることが好き。

たくみくん
一度話しはじめると止まらない歴史オタク。

そういちろうくん
どんな話も感心して聞くので、たくみくんの話し相手にさせられている。

なおやくん
ちょっとしたことで驚く、心配性。将来の夢は新聞記者。

たいきくん
基本的にみんなの後ろについて歩く、自立たない性格。

ありさちゃん
おませでもの知りなので、みんなから頼られている。

さゆみちゃん
あらゆる人の秘密を知っては、1人でほくそ笑んでいる。

まみちゃん
いやなことがあっても、1晩眠るとすぐに忘れてしまう元気っ子。

はるこちゃん
何かを考えているようで、実は何も考えていない？

れなちゃん
ファッション誌編集者をめざすおしゃれ研究家。

- 郷土料理　吉田うどん／ほうとう／煮貝 ……… 32
- 祭り　河口湖湖上祭／吉田の火祭り ……… 33
- 伝統工芸　甲州水晶貴石細工／甲州印伝／甲州手彫印章 … 34
- 民謡　馬八節 ……… 35
- **伝統の再発見!!　自然が育む山梨県の伝統文化** ……… 36

●緑豊かで美しい長野県 ……… 38

- 郷土料理　鯉料理／おやき ……… 38
- コラム　そばのルーツ「信州そば」 ……… 39
- 伝統工芸　松本家具／信州打刃物／内山紙 ……… 40
- 芸能　雨宮の神事芸能 ……… 41
- 祭り　御柱祭／新野の雪祭り ……… 42
- 民謡　木曽節 ……… 43

●日本のまん中、岐阜県 ……… 44

- 祭り　古川祭／高山祭 ……… 44
- 伝統工芸　美濃和紙／一位一刀彫／美濃焼 ……… 46
- コラム　茶の湯が生んだ美濃焼を代表する「桃山陶」 ……… 47
- 郷土料理　栗きんとん／朴葉みそ ……… 48

- コラム　「五平さん」?「御幣」?　諸説いろいろ「五平餅」 ……… 48
- 芸能　能郷の能・狂言 ……… 49
- 民謡　郡上節・古調川崎 ……… 49

●東海道の宿場、静岡県 ……… 50

- 芸能　西浦の田楽 ……… 50
- コラム　厳しい戒律で受け継がれる神事 ……… 51
- 郷土料理　うなぎの蒲焼き／桜えびのかき揚げ ……… 52
- ご当地グルメ　静岡おでん ……… 52
- 伝統工芸　駿河竹千筋細工／駿河雛人形 ……… 53
- 祭り　掛川大祭／浜松まつり ……… 54
- 民謡　ちゃっきり節 ……… 55

●産業が盛んな愛知県 ……… 56

- 伝統工芸　尾張七宝 ……… 56
- コラム　図柄を描く銀線 ……… 57
- 　　　　有松・鳴海絞 ……… 58
- 芸能　三河万歳 ……… 58
- 郷土料理　ひつまぶし／きしめん／味噌煮込みうどん … 59
- 祭り　花祭 ……… 60
- 民謡　岡崎五万石 ……… 61

この本の見方

伝統文化の内容を示すアイコンです。
地域のおもしろい方言を紹介しています。

(→①P58、

本文で出てくるむずかしい言葉を説明しています。

関連することやくわしく書いてある本のページをさしています。
「①〜⑥」はそれぞれの巻、「P○○」はページが記されています。

●アイコンについて

新潟の伝統工芸　国が認めた伝統的工芸品を中心に、各都道府県が認定している伝統工芸品を紹介します。

新潟の郷土料理　農林水産省が選定した「郷土料理百選」を中心に、各地域で愛される郷土料理を紹介します。

新潟の芸能　国や各地域が指定している「重要無形民俗文化財」や「選択無形民俗文化財」などを紹介します。

新潟の祭り　各地域を代表する祭りを紹介します。

新潟の民謡　各地域で愛され、昔から歌われている民謡を紹介します。

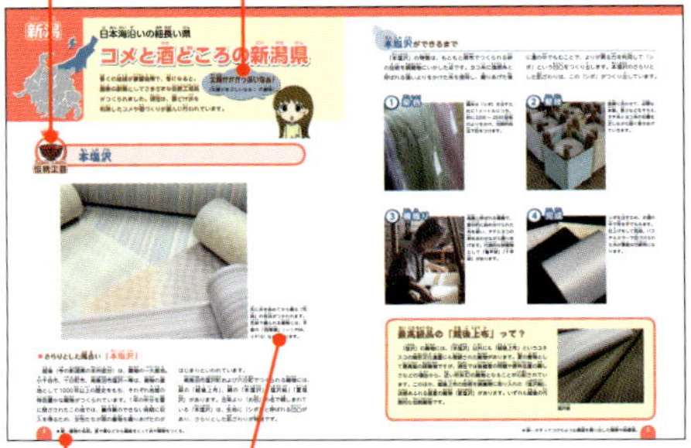

新潟

日本海沿いの細長い県
コメと酒どころの新潟県

多くの地域が豪雪地帯で、冬になると、農家の副業としてさまざまな伝統工芸品がつくられました。現在は、雪どけ水を利用したコメや酒づくりが盛んに行われています。

> 太陽がかがっぽいなぁ！
> （太陽がまぶしいなぁ！の意味）

新潟の伝統工芸　本塩沢

先に糸を染めてから織る「先染」の技法がつかわれます。先染で織られる織物には、京都の「西陣織」（→①P58、④P16）などがあります。

●さらりとした風合い「本塩沢」

越後（今の新潟県の本州部分）は、織物の一大産地。小千谷市、十日町市、南魚沼市塩沢一帯は、織物の産地として1000年以上の歴史をもち、それぞれ地域の特色豊かな織物がつくられています。1年の半分を雪に閉ざされたこの地では、農作業のできない時期に収入を得るため、女性たちが麻の着物を織りあげたのがはじまりといわれています。

南魚沼市塩沢地域および六日町地域でつくられる織物には、麻の「越後上布」、絹の「本塩沢」「塩沢紬」「夏塩沢」があります。古来より「塩沢お召」の名で親しまれている「本塩沢」は、生地に「シボ」と呼ばれる凹凸があり、さらりとした肌ざわりが特徴です。

※麻…植物の名前。茎や葉などから繊維をとって糸や織物をつくる。

本塩沢《ほんしおざわ》ができるまで

「本塩沢《ほんしおざわ》」の特徴《とくちょう》は、もともと麻《あさ》でつくられる絣《かすり》の技術《ぎじゅつ》を絹織物《きぬおりもの》にいかした点《てん》です。ヨコ糸《いと》に強撚糸《きょうねんし》と呼《よ》ばれる強《つよ》いよりをかけた糸《いと》を使用《しよう》し、織《お》りあげた後《あと》に湯《ゆ》の中《なか》でもむことで、よりがもどる力《ちから》を利用《りよう》して「シボ」という凹凸《おうとつ》をつくり出《だ》します。本塩沢《ほんしおざわ》のさらりとした肌《はだ》ざわりは、この「シボ」がつくり出《だ》しています。

① 染色《せんしょく》

絹糸《きぬいと》は「シボ」を出《だ》すために1メートルにつき、約《やく》に2200 ～ 2500 回転《かいてん》のよりをかけ、伝統的技法《でんとうてきぎほう》で色《いろ》をつけます。

② 整経《せいけい》

図案《ずあん》に合《あ》わせて、必要《ひつよう》な本数《ほんすう》、長《なが》さなどをそろえ、タテ糸《いと》とヨコ糸《いと》の位置《いち》を正《ただ》しながらかたく巻《ま》きあげていきます。

③ 機織《はたお》り

高機《たかばた》と呼《よ》ばれる織機《おりき》で、部分的《ぶぶんてき》に染《そ》め分《わ》けられた糸《いと》を使《つか》い、タテとヨコの柄《がら》を合《あ》わせながら織《お》りあげます。代表的《だいひょうてき》な絣織物《かすりおりもの》として「亀甲絣《きっこうがすり》」「十字絣《じゅうじがすり》」があります。

④ 完成《かんせい》

シボを出《だ》すため、お湯《ゆ》の中《なか》で布《ぬの》を手《て》でもみます。仕上《しあ》げをして完成《かんせい》。パステルカラーで色《いろ》づけされた糸《いと》が最後《さいご》は白銀色《しろがねいろ》になります。

最高級品《さいこうきゅうひん》の「越後上布《えちごじょうふ》」って？

「塩沢《しおざわ》」の織物《おりもの》には、「本塩沢《ほんしおざわ》」以外《いがい》に、ユネスコの無形文化遺産《むけいぶんかいさん》にも登録《とうろく》された「越後上布《えちごじょうふ》」という織物《おりもの》があります。夏《なつ》の着物《きもの》として最高級《さいこうきゅう》の麻織物《あさおりもの》ですが、現在《げんざい》では後継者《こうけいしゃ》の問題《もんだい》や原料生産《げんりょうせいさん》の難《むずか》しさなどの理由《りゆう》から、近《ちか》い将来幻《しょうらいまぼろし》の織物《おりもの》となることが心配《しんぱい》されています。このほか、越後上布《えちごじょうふ》の技術《ぎじゅつ》を絹織物《きぬおりもの》に取《と》り入《い》れた「塩沢紬《しおざわつむぎ》」、涼感《りょうかん》あふれる盛夏《せいか》の織物《おりもの》「夏塩沢《なつしおざわ》」があります。いずれも越後《えちご》の代《だい》表的《ひょうてき》な伝統織物《でんとうおりもの》です。

塩沢紬《しおざわつむぎ》

※絣《かすり》…かすってつけたような模様《もよう》を織《お》り出《だ》した織物《おりもの》や染模様《そめもよう》。

のっぺい汁《じる》／へぎそば／笹寿司《ささずし》

●とろみでからだが温《あたた》まる「のっぺい汁《じる》」

「のっぺい汁《じる》」は、主《おも》に正月《しょうがつ》や祭《まつ》り、祝《いわ》い事《ごと》や葬式《そうしき》などでつくられる料理《りょうり》で、「のっぺ」などとも呼《よ》ばれます。名前《なまえ》の由来《ゆらい》は、汁《しる》がねばって餅《もち》のようであることから、ぬらりとしていることを意味《いみ》する「ぬっぺい」がなまって、「のっぺい」になったといわれています。

サケやかまぼこ、サトイモ、ニンジンなどたくさんの具材《ぐざい》をダシ汁《じる》で煮《に》て、しょうゆで味《あじ》つけし、サトイモから出《で》るとろみだけでとろみをつけて食《た》べます。汁《しる》がたっぷりだったり、少《すく》なかったりなど、地域《ちいき》によって異《こと》なります。

●海草《かいそう》をつなぎにした「へぎそば」

「へぎ」という箱《はこ》に１口分《くちぶん》ずつ並《なら》べて出《だ》されるので、「へぎそば」と呼《よ》ばれます。小千谷市《おぢやし》では古《ふる》くからそばがつくられましたが、へぎそばは、そば粉《こ》をつなぐ「つなぎ」に、「ふのり」という海草《かいそう》を使《つか》っています。そのため小麦粉《こむぎこ》をつなぎとしたそばよりもコシがあり、独特《どくとく》の歯《は》ごたえがあります。ふのりは、「小千谷縮《おぢやちぢみ》」という麻織物《あさおりもの》を織《お》る時《とき》に、糸《いと》をピンとはるために使《つか》われていました。簡単《かんたん》に手《て》に入《はい》ったため、そばのつなぎにも使《つか》われるようになったのです。

●ササの香《かお》りさわやかな「笹寿司《ささずし》」

妙高市《みょうこうし》などでは、お盆《ぼん》や祭《まつ》りの時《とき》には「笹寿司《ささずし》」がつくられます。笹寿司《ささずし》とは、ササの葉《は》の上《うえ》にすし飯《めし》をのせ、タケノコやワラビ、ゼンマイなどの山菜《さんさい》を味《あじ》つけしたものや、油揚《あぶらあ》げ、ダイコンのみそづけ、卵焼《たまごや》き、くるみなどをのせたものです。ササの葉《は》の香《かお》りがさわやかで食欲《しょくよく》をそそります。

新潟《にいがた》の
祭《まつ》り

むこ投《な》げ

新婚《しんこん》の幸《しあわ》せを願《ねが》う「むこ投《な》げ」

「いーち、にーの、さーん！」。男性《だんせい》たちにかつがれたむこが勢《いきお》いよく雪《ゆき》の中《なか》に投《な》げこまれると、歓声《かんせい》と笑《わら》い声《こえ》が響《ひび》きわたります。「むこ投《な》げ」は、十日町《とおかまち》市《し》松之山《まつのやま》の湯《ゆ》本《もと》地《ち》方《ほう》で毎年《まいとし》1月《がつ》15日《にち》に行《おこな》われる祭《まつ》りです。前《まえ》の年《とし》にこの地《ち》方《ほう》から嫁《よめ》をもらった新婚《しんこん》のむこを、村《むら》の青年《せいねん》たちが背負《せお》って松之山温泉薬師堂《まつのやまおんせんやくしどう》まで連《つ》れていきます。みんなでお神酒《みき》をいただいた後《あと》、むこを胴上《どうあ》げし、かけ声《ごえ》をかけながら5メートルほどの高《たか》さから雪《ゆき》の中《なか》へ投《な》げ落《お》とすのです。

崖《がけ》の下《した》で待《ま》っていた嫁《よめ》が、雪《ゆき》まみれになった夫《おっと》を気《き》づかい雪《ゆき》を払《はら》いのけます。まわりの人々《ひとびと》は歓声《かんせい》をあげながら、若《わか》い2人《り》のきずながより強《つよ》くなることを願《ねが》うのです。

2人《り》で松明《たいまつ》を持《も》ち
火《ひ》をつけます。

みんなまっ黒《くろ》！ 賽《さい》の神《かみ》のすみ塗《ぬ》り

むこ投《な》げが終《お》わると、「賽《さい》の神《かみ》」のすみ塗《ぬ》りのはじまりです。正月《しょうがつ》に飾《かざ》られた門松《かどまつ》やしめなわ、お札《ふだ》、書《かき》初《ぞ》めなどをもちよって高《たか》い塔《とう》をつくり、火《ひ》をつけます。

燃《も》え終《お》わったら、その灰《はい》と雪《ゆき》を混《ま》ぜてすみをつくり、「おめでとう」といいながら、手当《てあ》たりしだい、お互《たが》いの顔《かお》に塗《ぬ》り合《あ》うのです。新年《しんねん》の無病息災《むびょうそくさい》や家内安全《かないあんぜん》、商売繁盛《しょうばいはんじょう》を祈《いの》るための行事《ぎょうじ》ですが、あちこちで笑《わら》い声《ごえ》や叫《さけ》び声《ごえ》が聞《き》こえる、楽《たの》しい祭《まつ》りです。

なぜ？
どうして？

どうしておむこさんを投《な》げるの？

「むこ投《な》げ」は、約《やく》300年前《ねんまえ》から松之山地方《まつのやまちほう》に伝《つた》わる小正月《こしょうがつ》（1月《がつ》15日《にち》）の行事《ぎょうじ》です。その由来《ゆらい》は、よそ者《もの》に村《むら》の娘《むすめ》をとられた青年《せいねん》たちの腹《はら》いせが形《かたち》を変《か》えたものとか、嫁《よめ》を追《お》い出《だ》すことを禁《きん》じたことから生《う》まれたとかいわれています。現在《げんざい》では、若《わか》い2人《り》を祝福《しゅくふく》し、その幸《しあわ》せを願《ねが》う行事《ぎょうじ》として行《おこな》われています。

綾子舞《あやこまい》

● 赤《あか》い衣装《いしょう》が美《うつく》しい「綾子舞《あやこまい》」

あざやかな赤《あか》い振袖《ふりそで》に、「ユライ」と呼《よ》ばれる赤《あか》い布《ぬの》を頭《あたま》にまいた女性《じょせい》たちが、りりしく美《うつく》しく舞《ま》います。「綾子舞《あやこまい》」は柏崎市女谷《かしわざきしおなだに》に伝《つた》わる民俗芸能《みんぞくげいのう》で、京都《きょうと》の北野神社《きたのじんじゃ》の巫女《みこ》であった文子《あやこ》が舞《ま》ったものが伝《つた》わったとする説《せつ》や、上杉房能《うえすぎふさよし》の奥方《おくがた》である綾子《あやこ》が伝《つた》えたとする説《せつ》があります。衣装《いしょう》や振《ふ》りは、京《きょう》で歌舞伎《かぶき》の創始者《そうししゃ》となった「出雲《いずも》のお国《くに》」が踊《おど》っていた初期《しょき》の歌舞伎《かぶき》の面影《おもかげ》を色濃《いろこ》く残《のこ》し、国《くに》の重要無形民俗文化《じゅうようむけいみんぞくぶんか》財《ざい》に指定《してい》されています。

綾子舞《あやこまい》は、こんな踊《おど》り

「綾子舞《あやこまい》」は、女性《じょせい》による「小歌踊《こうたおどり》」と男性《だんせい》による「囃子舞《はやしまい》」「狂言《きょうげん》」の3種類《しゅるい》から構成《こうせい》されています。毎年《まいとし》9月第《がつだい》2日曜日《にちようび》に、綾子舞会館周辺広場《あやこまいかいかんしゅうへんひろば》を主会場《しゅかいじょう》に一般公開《いっぱんこうかい》されます。

小原木踊

小歌踊《こうたおどり》

はなやかな室町文化《むろまちぶんか》を表現《ひょうげん》する「小歌《こうた》」に合《あ》わせた、「小原木踊《おはらぎおどり》」「常陸踊《ひたちおどり》」「小切子踊《こきりこおどり》」など11種類《しゅるい》の踊《おど》りです。女性《じょせい》が赤《あか》い振袖姿《ふりそですがた》で、足拍子《あしびょうし》をとりながら舞《ま》う姿《すがた》は、素朴《そぼく》ながら優雅《ゆうが》さがあります。踊《おど》りの衣装《いしょう》や振《ふ》り付《つ》け、はやしに三味線《しゃみせん》が入《はい》らないことなどは、出雲《いずも》のお国《くに》がはじめたとされる歌舞伎《かぶき》の踊《おど》りにきわめて似《に》ているといわれています。

※歌舞伎《かぶき》…史実《しじつ》や伝説《でんせつ》などを役者《やくしゃ》が演《えん》じる伝統舞踊《でんとうぶよう》。

肴さし舞

囃子舞《はやしまい》

まわりの人《ひと》たちのはやしにのって舞《ま》う「囃子舞《はやしまい》」。はじめに「何々舞《なになにまい》を見《み》さいな」とはやすのが特徴《とくちょう》です。綾子舞《あやこまい》には「恵比寿舞《えびすまい》」「亀《かめ》の舞《まい》」「猩々《しょうじょう》舞《まい》」「肴《さかな》さし舞《まい》」など22種類《しゅるい》の「囃子舞《はやしまい》」があり、男性《だんせい》が１人《り》で舞《ま》います。

狂言《きょうげん》

「狂言《きょうげん》」とは室町時代《むろまちじだい》に成立《せいりつ》したせりふ劇《げき》で、「能《のう》」とも深《ふか》いかかわりをもちます。女谷《おなだに》には、江戸時代《えどじだい》の中《なか》ごろ、京都《きょうと》の狂言師《きょうげんし》が夫婦《ふうふ》で訪《おとず》れた際《さい》に伝《つた》えたといわれています。綾子舞《あやこまい》の狂言《きょうげん》は「三条《さんじょう》の小鍛冶《こかじ》」「海老《えび》すくい」「烏帽子折《えぼしおり》」など33種類《しゅるい》あります。ほかでは見《み》られない曲目《きょくもく》を伝《つた》えており、「小歌踊《こうたおどり》」同様《どうよう》に初期歌舞伎《しょきかぶき》のおもかげを残《のこ》しています。

三条の小鍛冶

新潟《にいがた》のはぁ〜♪民謡《みんよう》

佐渡《さど》おけさ

● 有名《ゆうめい》な民謡《みんよう》の１つ「佐渡《さど》おけさ」

新潟県《にいがたけん》には「小木《おぎ》おけさ」「柏崎《かしわざき》おけさ」など「おけさ」のつく民謡《みんよう》が多《おお》くあります。おけさの由来《ゆらい》は、おけさという女性《じょせい》を歌《うた》った、とか、おけいという芸妓《げいぎ》が歌《うた》い出《だ》した、などさまざまあります。おけさ節《ぶし》の中《なか》でも「佐渡《さど》おけさ」はもっとも有名《ゆうめい》です。佐渡市《さどし》に伝《つた》わる盆踊《ぼんおど》り歌《うた》で、一説《いっせつ》には、九州《きゅうしゅう》の天草《あまくさ》の船乗《ふなの》りたちが歌《うた》っていた「ハイヤ節《ぶし》」が伝《つた》わったともいわれています。

佐渡《さど》おけさ

ハアー　佐渡へ（ハ　アリャサ）
佐渡へと　草木もなびくヨ
（ハ　アリャアリャ　アリャサ）
佐渡は居よいか　住みよいか
（ハ　アリャサッ　サッサ）

来いと言うたとて
行かりょか佐渡へ
佐渡は四十九里　波の上

雪の新潟　吹雪に暮れて
佐渡は寝たかよ　灯が見えぬ

佐渡と越後は　棹さしゃ届く
橋を架けたや　船橋を

真野の御陵　松風冴えて
袖に涙の　村時雨

佐渡の岬の　四所五所桜
枝は越後に　葉は佐渡に

おけさ踊りに　ついうかうかと
月も踊るよ　佐渡の夏

霞む相川　夕陽に染めて
浪の綾織る　春日崎

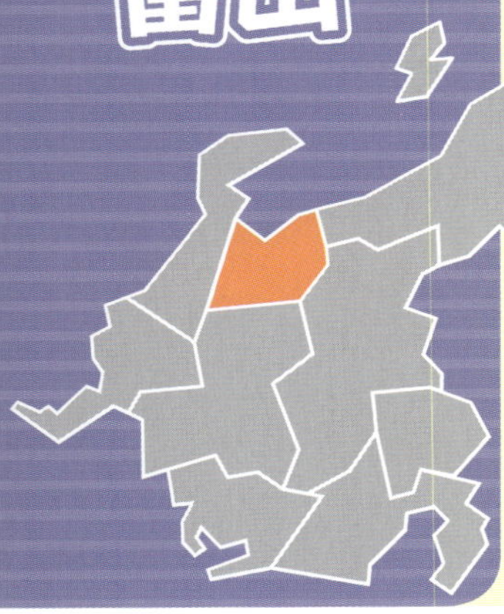

富山

黒部渓谷・黒部ダムがある
雄大な山と海の富山県

三方を立山連峰などの山に囲まれ、
日本一深い黒部渓谷には黒部ダムがあります。
富山湾では漁業が盛んで、ブリやホタルイカなど
さまざまな魚がとれます。昔から薬産業も有名です。

きときとの、ほたるいか！
（生きがよく、新鮮なほたるいか　の意味）

富山の祭り

出町子供歌舞伎曳山

全国6か所にしか残っていない、曳山の上の舞台で行われる子供歌舞伎の1つ「出町子供歌舞伎曳山」。200年以上前から続き、県の無形民俗文化財に指定されています。

● 出町神明宮 春の祭礼「出町子供歌舞伎曳山」

豪華で美しい舞台の上には、豪華な衣装に身をつつんだお姫様や、勇ましい武士。演じているのは子どもたちです。砺波市の出町神明宮では毎年4月に祭りが行われ、曳山が出されて「子供歌舞伎」が奉納されます。曳山とは、装飾がほどこされた山車のこと。屋根があり、車輪がついた、移動できる立派な舞台です。

子供歌舞伎の役者たちは、神明宮で祭りの成功と安全を祈願し、お祓いを受けます。お祓いを受けると「依代」になり、神様のようにあつかわれます。地面に足を着けてはならないとされており、そのため祭りが催される2日間は、大人が役者の子どもをかついでいる姿があちらこちらで見られます。

※歌舞伎…史実や伝説などを役者が演じる伝統舞踊。

出町子供歌舞伎曳山の演目

演目は、「絵本太功記」「鎌倉三代記」「本朝二十四考」「御所桜」などの中から1幕30～90分ほどのものが1、2題選ばれます。

曳山は、「西町」「中町」、5つの町共同の「東」の3基があります。以前は3基すべてが歌舞伎芝居を上演していましたが、現在は当番町制となっています。当番町は先に当番でない町をまわって芝居を上演してから自分の町内で芝居を上演します。また、3基の曳山が一同にそろう「三町揃い曳き」があり、当番町の芝居のほかに、子どもたちの三味線演奏などが披露され、にぎやかで楽しい上演となります。そして、2日目の最後、千秋楽は「留め山」（記憶に留めるの意味がある）と呼ばれ、もっとも盛りあがります。

出町子供歌舞伎曳山の舞台裏

芝居を演じるのは町内の子どもたちで、小学4～6年生くらいまでの子どもに役がわりふられます。芝居のけいこは2月中旬からはじめられ、祭り当日までの約2か月間、毎日、歌舞伎の練習をします。祭りが近づき、曳山が組まれると、そのうえで予行練習をしてけいこ仕上げとなります。

家族と地域が一丸となってつくる歌舞伎

子どもたちが演じ、若者たちが歌舞伎の鳴り物を担当し、大人が祭りを取り仕切ります。子供歌舞伎は、家族や地域が一丸となってつくるのです。

> みんなしっかり練習してから、本番にのぞむのよ

千秋楽…芝居や相撲などの興行における最終日、またはその最後の演目。

富山《とやま》の芸能《げいのう》

越中《えっちゅう》の稚児舞《ちごまい》

● 子《こ》どもたちによる舞《まい》「越中《えっちゅう》の稚児舞《ちごまい》」

「稚児舞《ちごまい》」とは子《こ》ども（稚児《ちご》）による舞《まい》のことです。富山市《とやまし》の熊野神社《くまのじんじゃ》、射水市《いみずし》の加茂神社《かもじんじゃ》、黒部市《くろべし》の法福寺《ほうふくじ》の稚児舞《ちごまい》は「越中《えっちゅう》の稚児舞《ちごまい》」として国《くに》の重要無形民俗文化財《じゅうようむけいみんぞくぶんかざい》に指定《してい》されています。清《きよ》らかでけがれのない稚児《ちご》は、神様《かみさま》や仏様《ほとけさま》の役《やく》をもち、役《やく》についた稚児《ちご》は、舞《まい》が終《お》わるまでけがれることのないように、地面《じめん》に足《あし》をつけないようにしています。

熊野神社《くまのじんじゃ》の稚児舞《ちごまい》

熊野神社《くまのじんじゃ》では、毎年《まいとし》8月《がつ》25日《にち》の祭《まつ》りで稚児舞《ちごまい》が行《おこな》われます。稚児《ちご》は、8歳《さい》の男《おとこ》の子《こ》2人《り》と9歳《さい》の男《おとこ》の子《こ》2人《り》で、毎年《まいとし》、8歳《さい》の男《おとこ》の子《こ》2人《り》が新《あたら》しく選《えら》ばれます。祭《まつ》り当日《とうじつ》、稚児《ちご》は大人《おとな》の肩車《かたぐるま》で5本《ほん》の道中旗《どうちゅうばた》をかかげた児童《じどう》や獅子《しし》などとともに行列《ぎょうれつ》をなして神社《じんじゃ》に向《む》かいます。舞《まい》は「賀古《かこ》の舞《まい》」や「小奈曽利《こなそり》の舞《まい》」など7曲《きょく》が舞《ま》われます。

加茂神社《かもじんじゃ》の稚児舞《ちごまい》

毎年《まいとし》9月《がつ》4日《か》の秋祭《あきまつ》りに行《おこな》われる加茂神社《かもじんじゃ》の稚児舞《ちごまい》。稚児《ちご》は、9～14歳《さい》の男《おとこ》の子《こ》が4人選《にんえら》ばれます。祭《まつ》り当日《とうじつ》、稚児《ちご》は大人《おとな》の肩車《かたぐるま》で村《むら》めぐりをし、境内《けいだい》の舞台《ぶたい》に向《む》かいます。「鉾《ほこ》の舞《まい》」からはじまり、全部《ぜんぶ》で9曲《きょく》が舞《ま》われます。この舞《まい》は、京都《きょうと》の加茂御祖神社《かもみおやじんじゃ》から伝《つた》わったといわれています。1か所《しょ》で9曲《きょく》もの舞《まい》を伝《つた》えているところは全国《ぜんこく》でも珍《めずら》しく、衣装《いしょう》や面《めん》などの道具《どうぐ》、舞《まい》や行事《ぎょうじ》の伝《つた》え方《かた》などに昔《むかし》の形《かたち》が残《のこ》っています。

法福寺《ほうふくじ》の稚児舞《ちごまい》

法福寺《ほうふくじ》の稚児舞《ちごまい》は、毎年《まいとし》、寺《てら》の本尊《ほんぞん》である観世音菩薩《かんぜおんぼさつ》の法要《ほうよう》が行《おこな》われる4月第《がつだい》3日曜日《にちようび》に行《おこな》われます。9～13歳《さい》の稚児《ちご》が4人《にん》選《えら》ばれ、「矛《ほこ》の舞《まい》」「太平楽《たいへいらく》」など、5曲《きょく》を舞《ま》います。稚児は、1週間《しゅうかん》ほど前《まえ》から練習《れんしゅう》に入《はい》り、法要《ほうよう》までは魚《さかな》や肉《にく》などを食《た》べず、土《つち》にふれないように高《たか》い歯《は》がついた履物《はきもの》をはきます。法福寺《ほうふくじ》には、石舞台《いしぶたい》があることから、大阪四天王寺《おおさかしてんのうじ》の舞楽《ぶがく》の流《なが》れをくんでいると考《かんが》えられています。

富山《とやま》の
伝統工芸《でんとうこうげい》

越中和紙《えっちゅうわし》／井波彫刻《いなみちょうこく》

現在《げんざい》では和紙《わし》でつくられた人形《にんぎょう》も多《おお》くあります。

● 進化《しんか》し続《つづ》ける紙《かみ》の美《び》「越中和紙《えっちゅうわし》」

越中和紙《えっちゅうわし》とは、下新川郡朝日町《しもにいかわぐんあさひまち》、富山市八尾町《とやましやつおまち》、南《なん》砺市《とし》五箇山地方《ごかやまちほう》などでつくられる「八尾和紙《やおわし》」「五箇《ごか》山和紙《やまわし》」「蛭谷紙《びるたんがみ》」の総称《そうしょう》です。特《とく》によく知《し》られているのが八尾和紙《やおわし》です。江戸時代《えどじだい》の中《なか》ごろ、富山藩二代《とやまはんにだい》藩主前田正甫公《はんしゅまえだまさとしこう》が薬《くすり》を売《う》ることを奨励《しょうれい》したため、この地域《ちいき》には薬《くすり》の袋《ふくろ》や薬《くすり》を束《たば》ねる紙《かみ》などの需要《じゅよう》が集中《しゅうちゅう》し、紙《かみ》が盛《さか》んにつくられました。その後《ご》も八尾和紙《やおわし》の草木《くさき》染《ぞめ》めや顔料染《がんりょうぞ》めといった技術《ぎじゅつ》が発展《はってん》し、現在《げんざい》も若《わか》いつくり手《て》たちに受《う》け継《つ》がれています。

一方《いっぽう》、五箇山和紙《ごかやまわし》がつくられている五箇山地方《ごかやまちほう》は、加賀藩《かがはん》に属《ぞく》していたため、藩《はん》の御用紙《ごようし》や一般用《いっぱんよう》の紙《かみ》が盛《さか》んにつくられました。現在《げんざい》も書画用紙《しょがようし》や便箋《びんせん》などのほか、紙《かみ》でつくられた人形《にんぎょう》などがあります。

● 透《す》かし彫《ぼ》りが美《うつ》しい「井波彫刻《いなみちょうこく》」

木材《もくざい》を高度《こうど》な技術《ぎじゅつ》で細《こま》かく彫《ほ》りあげることで、裏《うら》と表《おもて》に美《うつく》しい模様《もよう》をつくり出《だ》す「井波彫刻《いなみちょうこく》」。江戸時代《えどじだい》の中《なか》ごろに、井波《いなみ》（今《いま》の南砺市《なんとし》）にある瑞泉寺本堂《ずいせんじほんどう》が消失《しょうしつ》し、それを立《た》て直《なお》すために京都《きょうと》から彫刻師《ちょうこくし》が派遣《はけん》されました。その技術《ぎじゅつ》が井波《いなみ》に伝《つた》わり、井波彫刻《いなみちょうこく》がはじまったといわれています。初期《しょき》は寺院彫刻《じいんちょうこく》が中心《ちゅうしん》でしたが、明治時代《めいじじだい》になると住宅《じゅうたく》の欄間《らんま》や衝立《ついたて》、置《お》き物《もの》、木彫《きぼり》パネルなどもつくられるようになりました。

井波彫刻《いなみちょうこく》の代表的《だいひょうてき》な作品《さくひん》は、「透《す》かし彫《ぼ》り」といわれる欄間《らんま》です。樹齢《じゅれい》100年《ねん》ほどのケヤキやクスの木《き》の板《いた》を使《つか》い、下絵《したえ》を描《か》き、彫刻《ちょうこく》刀《とう》やノミ、カンナなどで細《こま》かく彫《ほ》っていきます。

立体的《りったいてき》で美《うつく》しい「寺社彫刻唐狭間《じしゃちょうこくからさま》」。

現在《げんざい》も井波彫刻《いなみちょうこく》の技術《ぎじゅつ》は発展《はってん》し続《つづ》けており、伝統的《でんとうてき》な形《かたち》にこだわらず、ギターや、照明《しょうめい》器具《きぐ》など、時代《じだい》のニーズに合《あ》わせた木彫刻《もくちょうこく》品《ひん》が盛《さか》んにつくられています。

富山《とやま》の

郷土料理《きょうどりょうり》

ます寿《ず》し／ぶり大根《だいこん》

●駅弁《えきべん》で有名《ゆうめい》な「ます寿《ず》し」

「ます寿《ず》し」は、春《はる》に産卵《さんらん》のため神通川《じんづうがわ》をさかのぼってくるマスを使《つか》ったすしで、江戸時代《えどじだい》には徳川将軍《とくがわしょうぐん》に献上《けんじょう》されていたといわれています。明治時代《めいじじだい》に商品化《しょうひんか》され、富山名物《とやまめいぶつ》の駅弁《えきべん》として全国《ぜんこく》に知《し》られるようになりました。つくり方《かた》はシンプルですが、マスの薄切《うすぎ》りにほどこす塩加減《しおかげん》と、酢《す》に浸《ひた》すタイミングが味《あじ》を決《き》め、つくり手《て》によって味《あじ》が変《か》わります。

ます寿《ず》しができるまで

①

器《うつわ》の中《なか》にクマザサを放射状《ほうしゃじょう》に敷《し》き、すし飯《めし》をつめていきます。

②

すし飯《めし》を均一《きんいつ》に広《ひろ》げ、圧力《あつりょく》が全体《ぜんたい》にかかるように整《ととの》えます。

③

下塩《したじお》の後《あと》、酢《す》づけしたマスの身《み》を、すし飯《めし》にはりつけていきます。

④

マスを全面《ぜんめん》にはりつけたら、ササを折《お》りたたんでふたをします。

⑤

おもしをして、圧力《あつりょく》が一定《いってい》にかかるようにし、一昼夜《いっちゅうや》おきます。

⑥

完成《かんせい》。ササの中《なか》でおいしさが熟成《じゅくせい》され、独特《どくとく》の味《あじ》わいになります。

●「アラ」までおいしく味わう「ぶり大根」

　富山県の海では、寒くなると日本海を南下するブリがとれます。脂がのっておいしい「寒ぶり」として知られており、身はさしみや照り焼き、しゃぶしゃぶなどにし、身をとった後の「アラ」（頭や中骨など）は「ぶり大根」に使われます。ぶり大根は、ブリの「アラ」を熱湯に通してくさみをとり、下ゆでしたダイコンやショウガとともに煮て、しょうゆやみそで味つけしたものです。富山では冬ならではの料理として親しまれてきました。今では全国に広がり食べられている料理です。

富山のはぁくしょん民謡 越中おわら

●「風の盆」で歌い踊る「越中おわら」

　越中和紙がつくられる 富山市八尾町では、毎年9月に「おわら風の盆」（→④P50）という祭りが行われます。台風がこないよう風の悪霊を追い払い豊作を願う祭りです。越中おわら節に合わせて、そろいの浴衣で踊り子が街の通りを踊ります。「おわら踊り」はとても優美な踊りで、越中おわらは三味線や太鼓とともに胡弓という楽器が使われ、曲調にどことなくせつない雰囲気をそえています。

越中おわら

（歌われョ　わしゃ囃す）
唄の町だよ　八尾の町は
（キタサノサー　ドッコイサノサー）
唄で糸取る　オワラ　桑も摘む
「越中で立山　加賀では白山
駿河の富士山　三国一だよ」
（歌われョ　わしゃ囃す）

ゆらぐ吊橋手に手を取りて
渡る井田川　オワラ　春の風

富山あたりかあの燈火は
飛んで行きたや　オワラ　灯とり虫

「三千世界の　松の木ゃ枯れても
あんたと添わなきゃ
婆婆へ出たかいがない」

八尾坂道わかれて来れば
露か時雨か　オワラ　はらはらと

若しや来るかと窓押しあけて
見れば立山　オワラ　雪ばかり

八尾よいとこ　おわらの本場
二百十日を　オワラ　出て踊る

「浮いたか瓢箪　軽そに流るる
行く先ゃ知らねど
あの身になりたや」

越中おわら節に合わせた優美な踊りが「風の盆」の幻想的な雰囲気をつくり出しているんだよ

※おわら…歌の中に「おわらひ（大笑い）」という言葉をさしはさんだのが「おわら」と歌うようになった、などいろいろな説がある。

石川

北陸地方のまん中
工芸王国、石川県

北部は日本海に突き出た能登半島、南部は肥よくな金沢平野があります。金沢市は日本でも有数の城下町で、江戸時代には加賀藩のもと、さまざまな伝統工芸品が生まれました。

おんぼらーとしていくまっし
（ゆっくりしていきなさい　の意味）

石川の伝統工芸

金沢箔

金沢箔は神社仏閣の装飾をはじめ、屏風などの室内装飾や蒔絵・漆器・陶磁器などの工芸品、花器や盆などの日用品まで、さまざまなものに使われています。

●まばゆいかがやきの「金沢箔」

　金沢の気候が金箔づくりに適していたこともあり、全国生産98％以上の金箔をつくっている金沢市。ここでつくられる金箔は「金沢箔」と呼ばれ、金閣寺をはじめ、漆工芸、仏壇・仏具や織物など、さまざまな伝統工芸に使われています。純金にわずかな量の銀、銅を加えた合金をのばしてつくる金箔は、金のかがやきを失うことなく、均一にのばすことが重要です。
　江戸時代、幕府は金箔の生産と販売を統制していましたが、金沢では金箔づくりが続けられていました。よい材料が手に入らない中、技術をみがき続け、明治維新後に統制がなくなると、金沢箔はさらに大きな発展をとげたのです。

※蒔絵…金銀の粉をまいて、模様をつけたもの。

金《かな》沢《ざわ》箔《はく》ができるまで

まず金《きん》に微量《びりょう》の銀《ぎん》、銅《どう》を溶《と》かし合《あ》わせる「金合《かねあわ》せ」を行《おこな》い、それを機械《きかい》でのばす「延金《のべがね》」をします。さらに「澄打《ずみう》ち」「仕入《しきい》れ」「打《う》ち前《まえ》」と少《すこ》しずつ薄《うす》くのばしていき、10000分《ぶん》の1ミリになったら、破《やぶ》れないよう注意深《ちゅういぶか》く金箔《きんぱく》の形《かたち》を切《き》りそろえます。多《おお》くの時間《じかん》と手間《てま》をかけてつくられた金箔《きんぱく》は、さまざまな製品《せいひん》にはられ、ぜいたくなかがやきをつくりだします。

金《かな》沢《ざわ》箔《はく》の製造工程《せいぞうこうてい》

① 金《かね》合《あわ》せ

溶解炉《ようかいろ》にて純金《じゅんきん》94.438％、純銀《じゅんぎん》4.901％、純銅《じゅんどう》0.661％の合金《ごうきん》をつくり、流《なが》し型《かた》に流《なが》して成型《せいけい》します。

② 延金《のべがね》

成型《せいけい》した金合金《きんごうきん》をロール圧延《あつえん》機《き》という機械《きかい》で、約《やく》100分《ぶん》の5～6ミリの厚《あつ》さまでのばします。

③ 澄《ずみ》打《う》ち

圧延《あつえん》した延金《のべがね》を約《やく》6センチ角《かく》に裁断《さいだん》し、「澄打紙《ずみうちがみ》」と呼《よ》ばれる専用《せんよう》の紙《かみ》に1枚《まい》ずつ挟《はさ》み、袋革《ふくろがわ》で包《つつ》み、澄打機《ずみうちき》で打《う》ってのばします。

④ 仕《しき》入《い》れ

しだいに大《おお》きな澄打紙《ずみうちがみ》に移《うつ》し変《か》え（5回《かい》）、約《やく》21センチ角《かく》、厚《あつ》さ約《やく》1000分《ぶん》の1～2ミリまで打《う》ってのばし、「仕上《しあが》り澄《ずみ》」と呼《よ》ばれる状態《じょうたい》にします。

⑤ 澄《ずみ》切《き》り

仕上《しあが》り澄《ずみ》を11もしくは12の小片《しょうへん》に切《き》り、「箔打紙《はくうちがみ》」と呼《よ》ばれる専用《せんよう》の紙《かみ》で挟《はさ》みます。それを袋革《ふくろがわ》に包《つつ》みパックをつくります。

⑥ 打《う》ち前《まえ》（箔打《はくう》ち）

袋革《ふくろがわ》に包《つつ》まれたパックを箔打《はくうち》機《き》で3分間《ぶんかん》打《う》ち、15分間《ふんかん》熱《ねつ》を冷《さ》まします。これを数十回《すうじゅっかい》くり返《かえ》して、厚《あつ》さ10000分《ぶん》の1ミリまでのばします。

⑦ 箔《はく》うつし

打《う》ちあがった箔《はく》を革板《かわばん》の上《うえ》で、竹枠《たけわく》を使《つか》って規格《きかく》サイズに1枚《まい》1枚裁断《まいさいだん》します。「間紙《あいし》」と呼《よ》ばれる紙《かみ》に挟《はさ》んで箔《はく》の仕《し》上《あ》がりです。

⑧ 箔《はく》押《お》し

素材《そざい》の各部分《かくぶぶん》に漆《うるし》などの接着《せっちゃく》剤《ざい》で1枚《まい》1枚《まい》ていねいに箔《はく》をはり、豪華《ごうか》な箔製品《はくせいひん》としてつくりあげます。

金《かな》沢《ざわ》箔《はく》のはりつけを体験《たいけん》しよう

金沢《かなざわ》には、「金沢箔《かなざわはく》」や金箔《きんぱく》でいろどられた製品《せいひん》を扱《あつか》うお店《みせ》がたくさんあります。㈱今井金箔《いまいきんぱく》、カタニ産業《さんぎょう》㈱、㈱金銀箔工芸《きんぎんはくこうげい》さくだ、㈱タジマ、㈱箔一《はくいち》、箔座《はくざ》㈱、の6店《てん》では、買《か》うだけでなく、金箔《きんぱく》はり体験《たいけん》もできます。

輪島塗《わじまぬり》／加賀友禅《かがゆうぜん》

●じょうぶで美《うつく》しい「輪島塗《わじまぬり》」

　1つの器《うつわ》ができあがるまでに、「木地《きじ》づくり」や「漆《うるし》塗《ぬ》り」など100以上《いじょう》の工程《こうてい》があります。輪島《わじま》では室町時代《むろまちじだい》の中《なか》ごろにはすでに漆器《しっき》が生産《せいさん》されていました。ここで器《うつわ》づくりが盛《さか》んになったのは、材料《ざいりょう》のケヤキやアテの木《き》、漆《うるし》が豊富《ほうふ》にあり、「地《じ》の粉《こ》」という土《つち》がとれたことがあげられます。地《じ》の粉《こ》を漆《うるし》に混《ま》ぜることで、かたくてじょうぶな器《うつわ》ができます。

ハケで何度《なんど》も漆《うるし》を塗《ぬ》ります。

木《き》にキズをつけて樹液《じゅえき》をとり、
漆《うるし》をつくります。

いくつもの工程《こうてい》の末《すえ》に完成《かんせい》する

「輪島塗《わじまぬり》」は、漆《うるし》をたっぷり使《つか》い、何度《なんど》も塗《ぬ》っては乾《かわ》かしてつくります。ツヤのある美《うつく》しい器《うつわ》ができたら、表面《ひょうめん》に模様《もよう》を彫《ほ》り、そこに金箔《きんぱく》や金粉《きんぷん》を入《い》れる「沈金《ちんきん》」や、漆《うるし》で模様《もよう》を描《えが》き、その上《うえ》に金《きん》・銀《ぎん》などの粉《こな》をまく「蒔絵《まきえ》」がほどこされます。

●落《お》ち着《つ》いた色《いろ》が魅力《みりょく》「加賀友禅《かがゆうぜん》」

　加賀地方《かがちほう》には、古《ふる》くから「加賀染《かがぞめ》」という独自《どくじ》の染色《せんしょく》の技《わざ》がありました。加賀《かが》の絹《きぬ》を、梅《うめ》の樹皮《じゅひ》や根《ね》を細《こま》かく砕《くだ》いてつくった染液《せんえき》で染《そ》める「梅染《うめぞ》め」や、これを何度《なんど》もくり返《かえ》して黒味《くろみ》のある色《いろ》に仕上《しあ》げる「黒梅染《くろうめぞ》め」などです。江戸時代《えどじだい》の中《なか》ごろになると、花《はな》や草《くさ》の模様《もよう》を中心《ちゅうしん》とした染物《そめもの》がつくられるようになりました。これらを、「加賀友禅《かがゆうぜん》」と呼《よ》びます。

　加賀友禅《かがゆうぜん》は、絵画的《かいがてき》な模様《もよう》と、臙脂《えんじ》・藍《あい》・黄土《おうど》・草《くさ》・古代紫《こだいむらさき》の5つの色《いろ》を基調《きちょう》とする色合《いろあ》い、そして外側《そとがわ》から内側《うちがわ》に向《む》かってぼかす「ぼかし」などの技法《ぎほう》が特徴《とくちょう》です。ぼかしは、刺繍《ししゅう》や金箔《きんぱく》はあまり使《つか》われず、美《うつく》しく華《はな》やかながら落《お》ち着《つ》きがあります。

※友禅染《ゆうぜんぞめ》…人物《じんぶつ》や花《はな》、鳥《とり》などの華《はな》やかな絵模様《えもよう》が特色《とくしょく》の染物《そめもの》。

石川《いしかわ》の祭《まつ》り

あばれ祭《まつり》／金沢百万石《かなざわひゃくまんごく》まつり

● 神輿《みこし》とキリコの勇《いさ》ましい「あばれ祭《まつり》」

能登半島《のとはんとう》には「キリコ」と呼《よ》ばれる大《おお》きな灯《とう》ろうのような祭具《さいぐ》があります。

能登町宇出津《のとちょううでづ》にある八坂神社《やさかじんじゃ》の「あばれ祭《まつり》」は、7月第《がつだい》1金《きん》、土曜日《どようび》に行《おこな》われ、県《けん》の無形民俗文化財《むけいみんぞくぶんかざい》に指定《してい》されています。この祭《まつ》りでは、高《たか》さ6メートルのキリコが約《やく》40本《ぽん》と、あばれ神輿《みこし》が2基《き》、登場《とうじょう》します。

初日《しょにち》は、勢《せい》ぞろいしたキリコが燃《も》えさかる大松明《おおたいまつ》のまわりを火《ひ》の粉《こ》を浴《あ》びながら乱舞《らんぶ》します。2日目《かめ》は神輿《みこし》が主役《しゅやく》となりあばれまわります。神輿《みこし》は海《うみ》や川《かわ》、火《ひ》の中《なか》に投《な》げこまれ、宮入《みやいり》の時《とき》には原形《げんけい》をとどめていません。数《かず》あるキリコ祭《まつ》りの中《なか》でも、八坂神社《やさかじんじゃ》のあばれ祭《まつり》はもっとも勇壮《ゆうそう》で迫力《はくりょく》のある祭《まつ》りの1つといわれています。

● 勇壮《ゆうそう》な武者行列《むしゃぎょうれつ》「金沢百万石《かなざわひゃくまんごく》まつり」

金沢市《かなざわし》は、加賀百万石《かがひゃくまんごく》の城下町《じょうかまち》として栄《さか》えました。加賀藩《かがはん》の初代藩主《しょだいはんしゅ》として金沢一帯《かなざわいったい》をおさめ、発展《はってん》させたのが前田利家公《まえだとしいえこう》です。その偉業《いぎょう》をたたえるため毎年《まいとし》6月《がつ》に行《おこな》われるのが、「金沢百万石《かなざわひゃくまんごく》まつり」です。

祭《まつ》りのメインは「百万石行列《ひゃくまんごくぎょうれつ》」で、「子供奴行列《こどもやっこぎょうれつ》」「珠姫御輿入《たまひめおこしい》れ行列《ぎょうれつ》」「前田利家入城行列《まえだとしいえにゅうじょうぎょうれつ》」などが続《つづ》きます。ほかにも「尾山神社御鳳輦《おやまじんじゃごほうれん》」やはしごのぼりを披露《ひろう》する「加賀《かが》とび行列《ぎょうれつ》」、迫力満点《はくりょくまんてん》の「獅子舞行《ししまいぎょう》列《れつ》」などが続《つづ》き、いつまで見《み》ていてもあきません。

市内各所《しないかくしょ》では、「子《こ》ども提灯太鼓行列《ちょうちんたいこぎょうれつ》」、浅野川《あさのがわ》での「加賀友禅燈《かがゆうぜんとう》ろう流《なが》し」、1万人以上《まんにんいじょう》が列《れつ》をなして踊《おど》る「百万石踊《ひゃくまんごくおど》り流《なが》し」や、茶会《ちゃかい》や能《のう》などが開催《かいさい》され、まさに金沢《かなざわ》の栄華《えいが》を集《あつ》めた祭《まつ》りです。

画像提供：金沢市

石川《いしかわ》の
郷土料理《きょうどりょうり》

治部煮《じぶに》／かぶら寿《ず》し／いしる料理《りょうり》

日本うま味調味料協会

●じぶじぶと音《おと》がする？「治部煮《じぶに》」

「治部煮《じぶに》」は、カモや鶏肉《とりにく》に小麦粉《こむぎこ》をまぶし、ネギ、シイタケ、タケノコなどの野菜《やさい》やすだれ麩《ふ》を一緒《いっしょ》に煮《に》た金沢《かなざわ》の郷土料理《きょうどりょうり》です。小麦粉《こむぎこ》などでとろみのついた煮汁《にじる》が特徴《とくちょう》です。名前《なまえ》の由来《ゆらい》は、岡部《おかべ》治部右衛門《じぶうえもん》が考《かんが》えた料理《りょうり》だから、とか、煮《に》る時《とき》にじぶじぶと音《おと》がするから、などいろいろな説《せつ》あります。

●こうじで発酵《はっこう》させてつくる「かぶら寿《ず》し」

「かぶら寿《ず》し」は、厚《あつ》く切《き》ったかぶら（カブ）の間《あいだ》にブリをはさんでこうじで発酵《はっこう》させたもので、金沢市《かなざわし》の正月料理《しょうがつりょうり》として欠《か》かせない1品《ぴん》です。カブは1.5センチくらいの輪切《わぎ》りにし、ブリは切《き》り身《み》にして、それぞれ塩《しお》づけにします。カブに切《き》れ目《め》を入《い》れ、ブリをはさみ、ニンジン、トウガラシ、コンブなどと一緒《いっしょ》にこうじでつけこみます。ブリのほかにサバやサケをはさむ地域《ちいき》もあります。

©石川県観光連盟

©石川県観光連盟

●調味料《ちょうみりょう》のいしるを使《つか》った「いしる料理《りょうり》」

能登半島《のとはんとう》には、「いしる」というしょうゆのような調味料《ちょうみりょう》があります。能登半島《のとはんとう》の西側《にしがわ》ではイワシを丸《まる》ごと、東側《ひがしがわ》ではイカの内臓《ないぞう》を塩《しお》でつけこみ、発酵《はっこう》させてつくります。能登半島《のとはんとう》では、これをしょうゆのように、煮物《にもの》の味《あじ》つけやさしみ料理《りょうり》などで使《つか》います。特《とく》に好《この》まれるのが「貝焼《かいや》き」。ホタテの貝《かい》がらを器《うつわ》にして、ホタテの身《み》やイカ、季節《きせつ》の野菜《やさい》などを焼《や》いて、いしるで味《あじ》つけして食《た》べます。

食《た》べたい！
知《し》りたい！
ご当地《とうち》グルメ

各地《かくち》でつくられる「魚醤《ぎょしょう》」

魚醤《ぎょしょう》っていろんな国《くに》で
つくられているのね

能登半島《のとはんとう》の「いしる」のように、魚《さかな》を塩《しお》づけにして発酵《はっこう》させてつくる調味料《ちょうみりょう》を「魚醤《ぎょしょう》」「魚《さかな》しょうゆ」ともいいます。魚《さかな》を発酵《はっこう》させてつくるため濃厚《のうこう》なうまみがあり、料理《りょうり》に使《つか》うとおいしさが増《ま》すことから、世界中《せかいじゅう》でつくられています。ベトナムの「ニョクマム」、タイの「ナンプラー」が特《とく》に有名《ゆうめい》で、ほかにもフィリピンやラオス、中国《ちゅうごく》など各地《かくち》でつくられています。日本《にほん》では、秋田県《あきたけん》の「しょっつる」、香川県《かがわけん》の「いかなご醤油《しょうゆ》」などが有名《ゆうめい》です。

※すだれ麩《ふ》…平《ひら》たくて白《しろ》い生麩《なまふ》。

石川《いしかわ》の
芸能《げいのう》

尾口《おぐち》のでくまわし

● 人形《にんぎょう》の演技《えんぎ》に夢中《むちゅう》! 「尾口《おぐち》のでくまわし」

白山市《はくさんし》東二口《ひがしふたくち》地区《ちく》と深瀬《ふかせ》地区《ちく》に伝《つた》わる人形芝居《にんぎょうしばい》で、「でく」とは人形《にんぎょう》のことです。舞台《ぶたい》の後《うし》ろで、「まわし手《て》」と呼《よ》ばれる人形《にんぎょう》の操《あやつ》り手《て》がでくの腰《こし》の後《うし》ろから両《りょう》手《て》を差《さ》しこんで浄瑠璃《じょうるり》を演《えん》じます。独特《どくとく》の語《かた》りや三味《しゃみ》線《せん》、まわし手《て》の足踏《あしぶ》みの音《おと》に合《あ》わせて人形《にんぎょう》が演《えん》じる物《もの》語《がたり》に、観客《かんきゃく》は夢中《むちゅう》になり、「時忘《ときわす》れ、まま（飯《めし》）よりうまい、でくの舞《ま》い」といわれるほどです。

「浄瑠璃《じょうるり》」とは、せりふと旋律《せんりつ》によって物語《ものがたり》を進《すす》める「語《かた》り物《もの》」です。室町時代《むろまちじだい》にはじまり、江戸時代《えどじだい》には人形《にんぎょう》を使《つか》った「人形浄瑠璃《にんぎょうじょうるり》」が完成《かんせい》しました。尾口《おぐち》のでくまわしの起源《きげん》ははっきりしませんが、発展途上《はってんとじょう》の人形浄瑠璃《にんぎょうじょうるり》の姿《すがた》をとどめ、芸能史的《げいのうしてき》に貴重《きちょう》なことから、国《くに》の重要無形民俗文化財《じゅうようむけいみんぞくぶんかざい》に指定《してい》されています。

東二口《ひがしふたくち》地区《ちく》の演目《えんもく》の1つ「大職冠《たいしょくかん》」。

深瀬《ふかせ》地区《ちく》の演目《えんもく》の1つ「熊井太郎孝《くまいたろうこう》行之巻《こうのまき》」。

石川《いしかわ》の
はぁ〜♪
民謡《みんよう》

能登麦《のとむぎ》や節《ぶし》

● そうめん屋《や》が歌《うた》った「能登麦《のとむぎ》や節《ぶし》」

能登半島《のとはんとう》輪島市《わじまし》は古《ふる》くからそうめんづくりが盛《さか》んで、そうめん屋《や》は「麦《むぎ》屋《や》」と呼《よ》ばれ繁盛《はんじょう》しました。そうめんの原料《げんりょう》となる小麦《こむぎ》を石《いし》うすでひき、粉《こな》にする時《とき》に歌《うた》われたのが「能登麦《のとむぎ》や節《ぶし》」です。小麦《こむぎ》を石《いし》うすでひいたり、日《ひ》の出《で》とともにそうめんを干《ほ》したりするのはたいへんな仕事《しごと》で、そのつらさをまぎらわすために歌《うた》われたといわれています。今《いま》はこの地《ち》でそうめんはつくられていませんが、歌《うた》は残《のこ》り、かつての能登《のと》の情景《じょうけい》を伝《つた》えています。

能登麦《のとむぎ》や節《ぶし》

麦や小麦はイナー　二年でイナー
（チョイト）
刈るがヤーイナ　米やお六でイナー
（チョイト）
年サ　ヤーイナ　孕みヤー
（アラ　チョイト　年孕みヤーイナ）
米や　お六でイナー
（チョイト）
年サー　ヤーイナー　孕みヤー

能登の志津良で　竹切る音は
三里聞こえて　五里響く

輪島麦やは　七軒八軒
中の麦やで　市が立つ

輪島三町の　麦碾き止めて
いつか小伊勢の　橋渡る

輪島名所と　連れては来たが
何が名所や　麦碾きや

輪島出てから　今年で四年
元の輪島へ　帰りたい

竹の丸木橋ゃ　滑って転んで
危ないけれども　君となら渡る
落ちて死ぬとも　諸共に

加賀藩《かがはん》の城下町《じょうかまち》として栄《さか》えた
歴史《れきし》と文化《ぶんか》が

石川県金沢市《いしかわけんかなざわし》は、江戸時代《えどじだい》より加賀藩《かがはん》の城下町《じょうかまち》としてたいへんに栄《さか》えました。現在《げんざい》、日本《にほん》の文化《ぶんか》が美《うつく》しく息《いき》づく金沢《かなざわ》の街並《まちな》みは「小京都《しょうきょうと》」と呼《よ》ばれ、人気《にんき》の観光地《かんこうち》となっています。

加賀百万石《かがひゃくまんごく》と呼《よ》ばれ栄《さか》えた金沢《かなざわ》

金沢《かなざわ》の地《ち》に、前田利家《まえだとしいえ》が入城《にゅうじょう》したのは1583年《ねん》のこと。それから金沢《かなざわ》は城下町《じょうかまち》として栄《さか》え、さまざまな文化《ぶんか》や、伝統工芸品《でんとうこうげいひん》が生《う》まれました。前田利家《まえだとしいえ》にはじまる歴代《れきだい》の加賀藩主《かがはんしゅ》は勢力《せいりょく》を拡大《かくだい》していき、ついには「加賀百万石《かがひゃくまんごく》」と呼《よ》ばれる大都市《だいとし》となりました。城《しろ》のまわりには武士《ぶし》の町《まち》や商人《しょうにん》の町《まち》、寺《てら》の町《まち》などが発展《はってん》し、人口《じんこう》は江戸《えど》、大阪《おおさか》、京都《きょうと》に次《つ》ぐ4番目《ばんめ》の規模《きぼ》であったといわれています。

城下町《じょうかまち》で育《はぐく》まれた「茶《ちゃ》の湯《ゆ》」文化《ぶんか》

「茶《ちゃ》の湯《ゆ》」とは、茶《ちゃ》をたて（茶《ちゃ》せんであわだたせること）、客《きゃく》にふるまうことを基本《きほん》とした芸道《げいどう》です。茶《ちゃ》の湯《ゆ》は室町時代《むろまちじだい》にはじまり、戦国時代《せんごくじだい》には武士《ぶし》のたしなみとして行《おこな》われていました。前田利家《まえだとしいえ》は、茶《ちゃ》の湯《ゆ》の大成者《たいせいしゃ》である千利休《せんのりきゅう》などに学《まな》び、加賀藩《かがはん》に茶《ちゃ》の湯文化《ゆぶんか》を定着《ていちゃく》させました。その後《ご》も歴代藩主《れきだいはんしゅ》が茶《ちゃ》の湯《ゆ》を普及《ふきゅう》させ、職人《しょくにん》や町人《ちょうにん》の間《あいだ》にも広《ひろ》がり、金沢《かなざわ》に茶《ちゃ》の湯文化《ゆぶんか》が花開《はなひら》いたのです。

茶《ちゃ》の湯《ゆ》は、庭《にわ》や茶室《ちゃしつ》、さまざまな道具《どうぐ》、菓子《かし》などを、「目《め》で見《み》て」、「耳《みみ》で聞《き》いて」、「舌《した》で味《あじ》わい」、「ふれて確《たし》かめる」、からだ全体《ぜんたい》で楽《たの》しむ芸道《げいどう》なのです。金沢《かなざわ》では、茶《ちゃ》の湯文化《ゆぶんか》を通《とお》して、茶道具《ちゃどうぐ》やお菓子《かし》など、さまざまな伝統文化《でんとうぶんか》が生《う》まれました。

息《いき》づく小《しょう》京《きょう》都《と》・金《かな》沢《ざわ》

茶《ちゃ》道《どう》具《ぐ》

●大《おお》樋《ひ》焼《やき》

茶《ちゃ》を入《い》れる器《うつわ》として使《つか》われます。1666年《ねん》、5代藩主《だいはんしゅ》前田《まえだ》綱紀《つなのり》が京都《きょうと》の陶工《とうこう》・長《ちょう》左衛門《ざえもん》を招《まね》いてつくらせたのがはじまりとされます。ロクロを使《つか》わず手《て》とヘラだけでつくる、あめ色《いろ》の美《うつく》しい焼《や》き物《もの》です。

●銅鑼《どら》

銅鑼《どら》は、民俗芸能《みんぞくげいのう》のはやし、歌舞伎《かぶき》の音《おん》楽《がく》などで使《つか》われる金属製《きんぞくせい》の打楽器《だがっき》です。茶《ちゃ》の湯《ゆ》は亭主《ていしゅ》が客《きゃく》を招《まね》いて茶《ちゃ》をふるまいますが、準備《じゅんび》が整《ととの》った時《とき》、銅鑼《どら》を数回《すうかい》打《う》ち、待《ま》っている客《きゃく》に知《し》らせます。

●茶《ちゃ》の湯釜《ゆがま》

湯《ゆ》をわかすための釜《かま》です。多《おお》くは鉄《てつ》でできており、上《うえ》のほうがすぼまっているのが特徴《とくちょう》です。湯《ゆ》をわかすだけでなく、ほかの茶道具《ちゃどうぐ》と同《どう》じように、その美《うつく》しさを鑑賞《かんしょう》して楽《たの》しむものでもあります。

懐《かい》石《せき》と菓《か》子《し》

●懐石《かいせき》

茶《ちゃ》の湯《ゆ》でふるまわれる食事《しょくじ》を懐石《かいせき》（茶懐《ちゃかい》石《せき》）といいます。茶《ちゃ》は刺激《しげき》が強《つよ》いので、空腹《くうふく》のまま飲《の》むことを避《さ》けるために、軽《かる》い食事《しょくじ》をいただくのです。刺身《さしみ》（向付《むこうづけ》）、煮物《にもの》、焼《や》き物《もの》の「一汁三菜《いちじゅうさんさい》」が基本《きほん》です。

●和菓子《わがし》

職人《しょくにん》の繊細《せんさい》な手《て》でつくられた美《うつく》しい和菓《わが》子《し》がふるまわれます。ごぼうや白《しろ》みそ、ピンク色《いろ》の餅《もち》を、餅《もち》あるいは求肥《ぎゅうひ》で包《つつ》んだ「花《はな》びら餅《もち》」は、正月《しょうがつ》の和菓子《わがし》として有名《ゆうめい》です。

●縁起菓子《えんぎがし》

さまざまな縁起菓子《えんぎがし》があります。色《いろ》あざやかな「金花糖《きんかとう》」は広《ひろ》く知《し》られており、ひなまつりにひな人形《にんぎょう》とともに飾《かざ》られます。砂糖《さとう》を使《つか》って、鯛《たい》や貝《かい》、果物《くだもの》の形《かたち》につくり色《いろ》づけした、華《はな》やかな菓子《かし》です。

なぜ？ どうして？

「小京都《しょうきょうと》」って、どんなところ？

自然《しぜん》や景観《けいかん》など京都《きょうと》に似《に》た特徴《とくちょう》をもつ地方《ちほう》の小都市《しょうとし》を小京都《しょうきょうと》と呼《よ》びます。青森県《あおもりけん》の弘《ひろ》前市《さきし》や石川県《いしかわけん》の金沢市《かなざわし》、広島県《ひろしまけん》の尾道市《おのみちし》、山口県《やまぐちけん》の山口市《やまぐちし》など、日本《にほん》にはいろいろな場《ば》所《しょ》に「小京都《しょうきょうと》」と呼《よ》ばれる街《まち》があります。どの街《まち》も、歴史的《れきしてき》な建物《たてもの》が並《なら》び、風情《ふぜい》と情緒《じょうちょ》がある、人気《にんき》の観光地《かんこうち》です。小京都《しょうきょうと》と呼《よ》ばれる街《まち》をもつ道府県《どうふけん》は、「全国京都会議《ぜんこくきょうとかいぎ》」をつくり、観光産業《かんこうさんぎょう》を推進《すいしん》しています。

※一汁三菜《いちじゅうさんさい》…ごはんと汁物《しるもの》に3種類《しゅるい》のおかず（主菜《しゅさい》1品《ぴん》、副菜《ふくさい》2品《ひん》）の献立《こんだて》で、懐石料理《かいせきりょうり》の基本形《きほんけい》。

福井《ふくい》

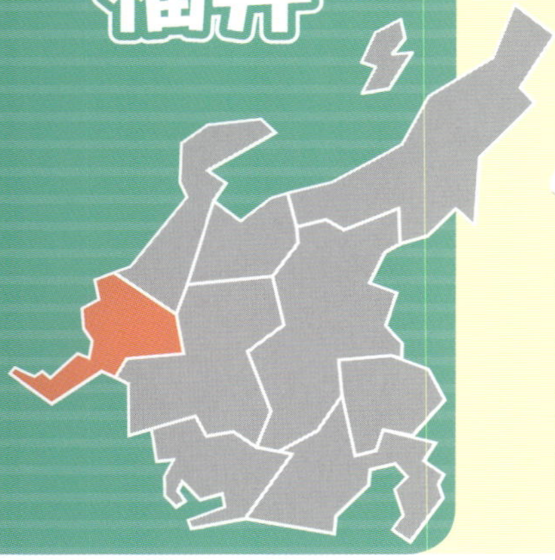

リアス式海岸《しきかいがん》と海《うみ》の幸《さち》
産業《さんぎょう》が発展《はってん》する福井県《ふくいけん》

嶺北《れいほく》（越前地方《えちぜんちほう》）と、嶺南《れいなん》（若狭地方《わかさちほう》）からなる県《けん》です。若狭地方《わかさちほう》は京都《きょうと》に近《ちか》いため古《ふる》くから文化《ぶんか》が発展《はってん》しました。若狭湾《わかさわん》の漁業《ぎょぎょう》をはじめ、さまざまな産業《さんぎょう》が発展《はってん》しています。

おもいでな～
（楽《たの》しいな～、の意味《いみ》）

福井《ふくい》の

祭《まつ》り

敦賀《つるが》まつり

北陸各県《ほくりくかくけん》はもとより、京都《きょうと》、大阪《おおさか》、滋賀《しが》、愛知《あいち》などからも多《おお》くの人《ひと》が訪《おとず》れます。

● 北陸随一《ほくりくずいいち》といわれる「敦賀《つるが》まつり」

毎年《まいとし》9月《がつ》2～4日を含《ふく》む日程《にってい》で行《おこな》われる敦賀市《つるがし》の「敦賀《つるが》まつり」。気比神宮例祭《けひじんぐうれいさい》の一部《いちぶ》、「宵宮祭《よいみやさい》」「神幸祭《しんこうさい》」「例大祭《れいたいさい》」に合《あ》わせて行《おこな》われる祭《まつ》りです。祭《まつ》りでは、「カーニバル大行進《だいこうしん》」「民謡踊《みんようおど》りの夕《ゆう》べ」「宵山巡行《よいやまじゅんこう》」「神輿渡御《みこしとぎょ》」などが行《おこな》われ、豪華絢爛《ごうかけんらん》な飾《かざ》りつけの山車《やま》や神輿《みこし》が市内《しない》をめぐり、にぎわいます。また、境内《けいだい》の内外《ないがい》も露天《ろてん》や各種行事《かくしゅぎょうじ》が行《おこな》われ、例年多《れいねんおお》くの人《ひと》が訪《おとず》れ、北陸随一《ほくりくずいいち》といえる祭《まつ》りです。

気比神宮例祭《けひじんぐうれいさい》は、「宵宮祭《よいみやさい》」「神幸祭《しんこうさい》」「例大祭《れいたいさい》」「月次祭《つきなみさい》」と約半月《やくはんつき》にわたって行《おこな》われるので、「気比《けひ》の長《なが》祭《まつ》り」として知《し》られています。

※山車《やま》…いろいろな飾《かざ》りをつけて、祭《まつ》りに引《ひ》き出《だ》す車《くるま》。地域《ちいき》によって、「だし」と呼《よ》ぶこともある。

見《み》どころいっぱい! 敦賀《つるが》まつり

宵山巡行《よいやまじゅんこう》

宵山巡行《よいやまじゅんこう》では山車《やま》をひき、街《まち》をめぐります。宵山《よいやま》の上《うえ》で子《こ》どもたちがおはやしに合《あ》わせて踊《おど》りを奉納《ほうのう》し、ゆっくりと巡行《じゅんこう》していきます。

神輿渡御《みこしとぎょ》

気比神宮前《けひじんぐうまえ》で行《おこな》われる出発式《しゅっぱつしき》には、あざやかな金色《きんいろ》にいろどられた神輿《みこし》が集《あつ》まります。大人神輿《おとなみこし》、子《こ》ども神輿《みこし》など20基近《きちか》い神輿《みこし》が、威勢《いせい》よく市内《しない》をめぐります。

山車巡行《やまじゅんこう》

祭《まつ》りのハイライトは、6基《き》の山車《やま》が市内《しない》をめぐる「山《や》車《ま》巡行《じゅんこう》」。山車《やま》では「関ケ原《せきがはら》の合戦《かっせん》」「大坂冬《おおさかふゆ》の陣《じん》」などの歴史《れきし》の名場面《めいばめん》が、勇壮《ゆうそう》な武者人形《むしゃにんぎょう》で再現《さいげん》されます。

敦賀消防団《つるがしょうぼうだん》「つるが鳶《とび》」演技《えんぎ》

山車出発式会場《やましゅっぱつしきかいじょう》で、消防鳶隊《しょうぼうとびたい》が迫力《はくりょく》ある見事《みごと》な演技《えんぎ》を披露《ひろう》します。

水海《みずうみ》の田楽《でんがく》・能舞《のうまい》

●古《ふる》い型《かた》が残《のこ》る「水海《みずうみ》の田楽《でんがく》・能舞《のうまい》」

池田町《いけだちょう》水海《みずうみ》地区《ちく》に伝《つた》わる「水海《みずうみ》の田楽《でんがく》・能舞《のうまい》」は、鵜甘神社《うかんじんじゃ》に古《ふる》くから伝《つた》わる芸能《げいのう》です。毎年《まいとし》2月《がつ》15日《にち》、近隣《きんりん》から集《あつ》まった多《おお》くの人《ひと》が見守《みまも》る中《なか》、おごそかに奉《ほう》納《のう》されます。およそ760年前《ねんまえ》、時《とき》の執権《しっけん》であった北《ほう》条時頼《じょうときより》がこの地《ち》を訪《おとず》れた時《とき》、村人《むらびと》たちは田楽《でんがく》を舞《ま》って歓迎《かんげい》し、そのお礼《れい》として時頼《ときより》が村人《むらびと》に能舞《のうまい》を教《おし》えたといわれています。

能舞《のうまい》の「羅生門《らしょうもん》」。鬼退治《おにたいじ》の話《はなし》です。

田楽《でんがく》の「阿満《あま》」。「田作《たづく》り」という話《はなし》を語《かた》り、悪魔《あくま》ばらいをして、豊作《ほうさく》を祈《いの》る舞《まい》です。

能舞《のうまい》の「呉服《くれは》」。2人《り》の織《しょく》女《じょ》が帝《みかど》に織物《おりもの》を献上《けんじょう》し、帝《みかど》を祝《いわ》う舞《まい》です。

田楽《でんがく》と能《のう》を合《あ》わせもつ田楽《でんがく》・能舞《のうまい》

田楽《でんがく》とは、田植《たう》えの時《とき》に田《た》の神《かみ》をまつって歌《うた》い舞《ま》ったことにはじまる芸能《げいのう》です。能舞《のうまい》もまた芸能《げいのう》の1つで、「謡《うたい》」という声楽《せいがく》と「はやし」という楽器《がっき》演奏《えんそう》にのせて舞《ま》います。 水海《みずうみ》では「烏《からす》とび」「祝《のっ》詞《と》」「あまんじゃごこ」「阿満《あま》」の田楽《でんがく》に続《つづ》き、「式《しき》三番《さんば》」「高砂《たかさご》」「田村《たむら》」「呉服《くれは》」「羅生門《らしょうもん》」の能舞《のうまい》が演《えん》じられます。水海《みずうみ》の田楽《でんがく》・能舞《のうまい》は田楽《でんがく》と能《のう》の両方《りょうほう》を合《あ》わせもち、古《ふる》い型《かた》がいきた形《かたち》で継承《けいしょう》されている点《てん》が高《たか》く評価《ひょうか》され、国《くに》の重要無形民俗文化財《じゅうようむけいみんぞくぶんかざい》となっています。

なぜ？ どうして？

行事《ぎょうじ》の前《まえ》に行《おこな》われる「別火《べっか》」

「別火《べっか》」とは、食事《しょくじ》や炊飯《すいはん》のための火《ひ》を別《べつ》にすることです。神事《しんじ》では、古《ふる》くから火《ひ》を神聖《しんせい》なものとみなし、神《かみ》に仕《つか》える者《もの》はけがれた火《ひ》で炊飯《すいはん》されたものを避《さ》けたのです。「水海《みずうみ》の田楽《でんがく》・能舞《のうまい》」では、特《とく》に「式三番《しきさんばん》」の中《なか》の「翁《おきな》」「三番叟《さんばそう》」と「高砂《たかさご》」を舞《ま》う人《ひと》は、3日間《かかん》は自分《じぶん》の起《お》こした火《ひ》で調理《ちょうり》したものだけを食《た》べる別《べっ》火《か》を行《おこな》います。当日《とうじつ》には舞台《ぶたい》に上《あ》がる前《まえ》に、裸《はだか》で川《かわ》に入《はい》りみそぎを行《おこな》います。

福井《ふくい》の郷土料理《きょうどりょうり》

越前《えちぜん》おろしそば／さばのへしこ

●大根《だいこん》おろしたっぷり「越前《えちぜん》おろしそば」

嶺北地方《れいほくちほう》の郷土料理《きょうどりょうり》といえば、「越前《えちぜん》おろしそば」です。そばに大根《だいこん》おろし、カツオ節《ぶし》、きざんだネギをそえ、つゆをぶっかけて食《た》べます。かつて府中《ふちゅう》（今《いま》の越前市《えちぜんし》）をおさめていた領主《りょうしゅ》がこのような食《た》べ方《かた》をしていたことから広《ひろ》まったといわれています。この領主《りょうしゅ》が、荒《あ》れ地《ち》だった土地《とち》でもよく育《そだ》つソバの栽培《さいばい》を奨励《しょうれい》したため、現在《げんざい》も福井県《ふくいけん》では盛《さか》んにそばがつくられています。

●漬《つ》けて保存《ほぞん》する「さばのへしこ」

「へしこ」とは、若狭《わかさ》から京都府北部《きょうとふほくぶ》の日本海沿岸《にほんかいえんがん》地方《ちほう》に伝《つた》わる、魚《さかな》のぬか漬《づ》けのことです。「漬《つ》けこむ」「押《お》しこむ」という意味《いみ》の「へしこむ」から、この名《な》がついたともいわれています。へしこには青魚《あおざかな》がよく使《つか》われますが、特《とく》に傷《いた》みやすい「サバ」は、へしこにして保存《ほぞん》されました。サバを開《ひら》いてぬかに漬《つ》けこみ、発酵《はっこう》させてうまみを出《だ》します。漬《つ》けてから1年《ねん》ほどしたら食《た》べごろ。軽《かる》くあぶったり、薄《うす》く切《き》ってお茶《ちゃ》づけにしたりして食《た》べます。

若狭《わかさ》から京都《きょうと》にはいろいろなものが運《はこ》ばれていました。その中《なか》でも、サバは特《とく》に注目《ちゅうもく》され、若狭《わかさ》から京都《きょうと》に向《む》かう道《みち》は「鯖街道《さばかいどう》」と呼《よ》ばれました。

さばのへしこができるまで

① サバの下処理《したしょり》

サバの内臓《ないぞう》を取《と》りのぞき、背開《せびら》き（背《せ》のほうから切《き》り開《ひら》く）します。ていねいに洗《あら》って、血《ち》を取《と》りのぞきます。

② 塩漬《しおづ》け

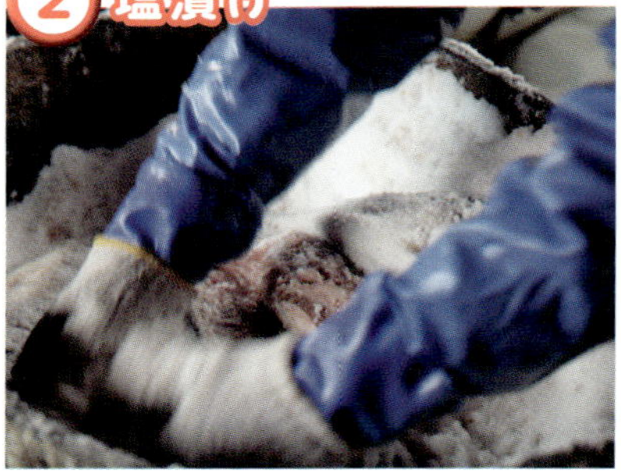

樽《たる》に塩《しお》をしきサバを並《なら》べ、上《うえ》に重《かさ》ねていきます。おもしをのせ約《やく》2週間《しゅうかん》ねかせます。塩漬《しおづ》けするのは、サバの水分《すいぶん》を抜《ぬ》くためです。

③ 本漬《ほんづ》け

サバを樽《たる》から取《と》り出《だ》します。樽《たる》にぬかをしき、サバを並《なら》べ、重《かさ》ねていきます。1年《ねん》ほどねかせれば食《た》べごろです。

越前和紙《えちぜんわし》／越前焼《えちぜんやき》／若狭《わかさ》めのう細工《ざいく》

1500年《ねん》の歴史《れきし》をもつ「越前和紙《えちぜんわし》」

越前市《えちぜんし》は、日本一《にほんいち》の手《て》すき和紙《わし》の産地《さんち》です。特《とく》に、不老《おいず》、大滝《おおたき》、岩本《いわもと》、新在家《しんざいけ》、定友《さだとも》の５つの集落《しゅうらく》は、総称《そうしょう》して五箇地区《ごかちく》と呼《よ》ばれ、和紙業者《わしぎょうしゃ》が軒《のき》を並《なら》べています。この地域《ちいき》でつくられる和紙《わし》は「越前和紙《えちぜんわし》」と呼《よ》ばれます。1500年《ねん》の歴史《れきし》があり、奈良時代《ならじだい》にはお経《きょう》を書《か》き写《うつ》す写経《しゃきょう》の紙《かみ》として使《つか》われていました。公家《くげ》や武士《ぶし》が紙《かみ》を大量《たいりょう》に使《つか》うようになると、最高品質《さいこうひんしつ》を誇《ほこ》る紙《かみ》として幕府《ばくふ》や領主《りょうしゅ》の保護《ほご》を受《う》けて発展《はってん》しました。明治時代《めいじじだい》には紙幣《しへい》にも使《つか》われ、現在《げんざい》も時代《じだい》にあった和紙製品《わしせいひん》がつくられています。

手《て》すきで紙《かみ》をつくる

製作工程《せいさくこうてい》は、大《おお》きく３段階《だんかい》に分《わ》けられます。繊維質《せんいしつ》を抽出《ちゅうしゅつ》しやすくするために原料《げんりょう》を加熱処理《かねつしょり》（煮熟《にじゅく》）し、繊維質《せんいしつ》をたたいて分解《ぶんかい》（叩《こう》解《かい》）した後《あと》、分解《ぶんかい》した繊維《せんい》をもとに紙《かみ》をすいていきます（抄紙《しょうし》）。紙《かみ》に模様《もよう》をほどこす時《とき》は、すいた後《あと》、押《お》し花《ばな》や染料《せんりょう》などで模様《もよう》を描《えが》き乾燥《かんそう》させます。

簀桁《すげた》と呼《よ》ばれる道具《どうぐ》に原料《げんりょう》をくみ、均一《きんいつ》になるようにすきます。

押《お》し花《はな》や染料《せんりょう》などで好《この》みの柄《がら》をデザインします。

余分《よぶん》な水分《すいぶん》をしぼりとります。これを乾燥《かんそう》させれば和紙《わし》のできあがり。

茶褐色《ちゃかっしょく》の素朴《そぼく》な「越前焼《えちぜんやき》」

丹生郡越前町《にゅうぐんえちぜんちょう》でつくられる、茶褐色《ちゃかっしょく》の素朴《そぼく》な焼《や》き物《もの》です。釉薬《うわぐすり》を使《つか》わない自然釉《しぜんゆう》の作品《さくひん》が多《おお》く、高温《こうおん》で焼《や》く時《とき》にかぶる灰《はい》や土《つち》の表面《ひょうめん》が溶《と》けることで、自然《しぜん》で美《うつく》しい模様《もよう》をつくりだします。「越前焼《えちぜんやき》」は今《いま》から約《やく》850年前《ねんまえ》の平安時代末期《へいあんじだいまっき》にはじまり、水《みず》を通《とお》さないじょうぶな焼《や》き物《もの》であることから、主《おも》に水《みず》がめやすり鉢《ばち》などの日用品《にちようひん》としてつくられました。現在《げんざい》も食器《しょっき》や花瓶《かびん》、茶器《ちゃき》などがつくられています。

福井

●透き通る赤が美しい「若狭めのう細工」

　めのうは美しい縞目をもつ貴石です。東洋、西洋を問わず古代から尊ばれ、古代日本では「勾玉」という装身具に使われていました。めのうは、200～300度で焼くとあざやかな赤い色に変わります。若狭では江戸時代にめのう原石を焼いて、美しい色を出す技術が確立されました。最初は丸い玉で、高級な数珠やかんざしに使われていたといわれています。

　明治時代になると工芸彫刻の技術が開発され、仏像、香炉、装身具などがつくられました。

　めのうはたいへんかたい石です。そのため加工には熟練の職人でも多くの時間がかかり、単純な形でも3日、細かい細工なら1か月以上を要します。

焼きを入れ、熱を加えることで原石を赤く発色させます。

福井のはぁ～とく民謡　三国節

●港で歌われた「三国節」

　九頭竜川河口に開けた三国港は、北前船の寄港地としてにぎわいました。そこで歌われたのが「三国節」です。1761年に三国神社を建てる際、性海寺の第30代陽山上人がこの歌をつくり、敷地内の地がための作業に集まっていた人々が作業歌にして流行し、それが船乗りに広まったといわれています。明治以降は歌う人が減りましたが、レコード化によって再び注目されるようになりました。

三国節は、三国神社の「三国祭」で歌われたり、振りがついて踊られたりするんだよ

♪ 三国節 ♪

岩が屏風か（チョイト）　屏風が岩か
海女の呼ぶ声　東尋坊（チョイ　チョイ　チョイ）
東尋坊（チョイト）　ホイ　東尋坊
海女の呼ぶ声　東尋坊（チョイ　チョイ　チョイ）

丸岡祭りは　めめじゃこ祭り
そうけ持て来い　掬てやろ

三国三国と　通う人馬鹿よ　帯の幅ほど　ある町を

さても見事な　安島の雄島　地から生えたか　浮島か

酒は酒屋で　濃い茶は茶屋で　三国小女郎は　松ヶ下

西も東も　みな見にきたか
三国滝谷　糸ざくら

主を待つまの　あの東尋坊　心とどろく　波の音

山梨《やまなし》

武田信玄《たけだしんげん》のおひざもと 甲州文化《こうしゅうぶんか》の山梨県《やまなしけん》

南《みなみ》は富士山《ふじさん》、西《にし》は赤石山脈《あかいしさんみゃく》、北《きた》は八ヶ岳《やつがたけ》と、山《やま》に囲《かこ》まれた海《うみ》のない県《けん》で、かつては甲斐国《かいのくに》（甲州《こうしゅう》）と呼《よ》ばれました。果物《くだもの》やワインのほか、貴金属産業《ききんぞくさんぎょう》も有名《ゆうめい》です。

一緒《いっしょ》にやらざぁ！
(一緒《いっしょ》に頑張《がんば》ろう！の意味《いみ》)

山梨《やまなし》の芸能《げいのう》

天津司舞《てんづしまい》

人形《にんぎょう》はもともと12体《たい》ありましたが、2体《たい》は舞《まい》の途中《とちゅう》で天《てん》に昇《のぼ》り、1体《たい》は西油川村《にしあぶらかわむら》の鏡池《かがみいけ》に没《ぼっ》したといういい伝《つた》えが残《のこ》されています。

● 田園《でんえん》に人形《にんぎょう》が舞《ま》う「天津司舞《てんづしまい》」

広々《ひろびろ》とした田園風景《でんえんふうけい》が広《ひろ》がる甲府市小瀬町《こうふしこせまち》では、4月《がつ》の第《だい》1日曜日《にちようび》に「天津司舞《てんづしまい》」が行《おこな》われます。地元《じもと》では「オテヅツサン」とも呼《よ》ばれ、小瀬《こせ》の里《さと》を開《ひら》いたとされる神《かみ》を模《も》した9体《たい》の人形《にんぎょう》が登場《とうじょう》します。地元《じもと》の人々《ひとびと》が人形《にんぎょう》とともに、天津司神社《てんづしじんじゃ》から諏訪神社《すわじんじゃ》へ渡御《とぎょ》し、「御《お》船囲《ふねい》」と呼《よ》ばれる円形《えんけい》の幕《まく》の中《なか》で舞《まい》が演《えん》じられます。

天津司舞《てんづしまい》は田楽《でんがく》の1つで、五穀豊穣《ごこくほうじょう》や無病息災《むびょうそくさい》を祈《き》願《がん》するものです。「天津司《てんづし》」は操《あやつ》り人形《にんぎょう》をさす傀儡《かいらい》（テヅシ、クグツ）が転《てん》じたものと考《かんが》えられ、室町時代《むろまちじだい》には存在《そんざい》していたとされています。そのため天津司舞《てんづしまい》は中世《ちゅうせい》の芸能《げいのう》を今《いま》に伝《つた》える貴重《きちょう》な民俗行事《みんぞくぎょうじ》として、国《くに》の重要無形民俗文化財《じゅうようむけいみんぞくぶんかざい》に指定《してい》されています。

※田楽《でんがく》…田植《たう》えなどの農耕行事《のうこうぎょうじ》に豊作《ほうさく》を祈《いの》った芸能《げいのう》が発展《はってん》したもの。

目かくしして進む

天津司神社のご神体である9体の人形は、笛、太鼓の音をしたがえ、行列をなして1キロほどの道のりを諏訪神社へと進んでいきます。この時、神様である人形の顔は赤い布で隠されています。

日本最古ともいわれる人形芝居

諏訪神社の境内には「御船囲」と呼ばれる舞台が設けられ、幕で囲われています。観客は、幕の外から舞う人形の姿を見るのです。人形の操り手は幕で隠れ、幕の外にいる見物人は、幕の上にあらわれた人形を見る形になります。

人形と舞

2メートルほどの竹の上部、約1.3メートルが人形の部分で、いずれも子どもの体ほどの大きさです。それぞれ名前がついており、「一のささら様」「二のささら様」「一の太鼓様」「二の太鼓様」「一の笛様」「一の鼓様」「鹿島様」「姫様」「鬼様」と呼ばれます。一の笛様と鼓様と鹿島様は1人、ほかは2〜4人で、基本的には2人で操ります。

人形の舞は、一の舞から五の舞まであります。一の舞は、「一のささら様」「二のささら様」、二の舞は「一の太鼓様」「二の太鼓様」、三の舞は「一の笛様」「一の鼓様」、そして四の舞は「鹿島様」、五の舞は「姫様」と「鬼様」が舞います。いずれも、最初はゆっくりと、次に「お狂い」と呼ばれる早いテンポになり、最後には再びゆっくりした調子にもどります。

一のささら様、二のささら様
ササラを持ちます。2体いるので「一のささら様」「二のささら様」と呼ばれます。

鹿島様
両手に剣を持ち力強く舞います。

姫様
姫様と鬼様は対になって舞います。鬼様の舞ですべての舞が終わります。

鬼様

鹿島様は、舞の時に小さな木の太刀を観客に向かって投げるんだ。これを拾うとお守りになるといわれているんだよ

※ササラ…細かく割った竹を束ね、こすり合わせて音を出す楽器。

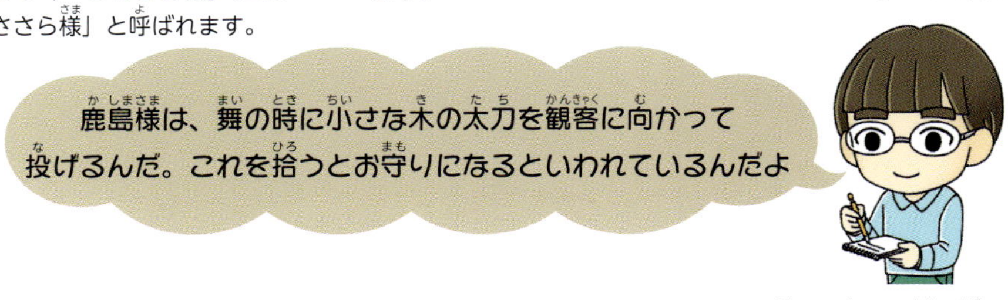

山梨《やまなし》の
郷土料理《きょうどりょうり》

吉田《よしだ》うどん／ほうとう／煮貝《にがい》

●太《ふと》くてコシがある「吉田《よしだ》うどん」

　北西部《ほくせいぶ》から甲府盆地《こうふぼんち》の水田地帯以外《すいでんちたいいがい》では、コメがあまり栽培《さいばい》されません。そのかわり、大麦《おおむぎ》や小麦《こむぎ》などが盛《さか》んにつくられてきました。富士山《ふじさん》の山《さん》ろくにある富士吉田地域《ふじよしだちいき》ではうどんがつくられましたが、もともとは正月《しょうがつ》や村祭《むらまつ》り、結婚式《けっこんしき》など「ハレの日《ひ》」に食《た》べるものでした。また、富士山《ふじさん》に登《のぼ》る前《まえ》に身《み》を清《きよ》めるために白《しろ》いうどんを食《た》べた、という話《はなし》も残《のこ》されています。現在《げんざい》、吉田《よしだ》うどんはふだんの食事《しょくじ》として一般家庭《いっぱんかてい》のほか、観光客《かんこうきゃく》に親《した》しまれています。

●小麦粉《こむぎこ》からできる「ほうとう」

　山梨県《やまなしけん》の各地《かくち》では、「ほうとう」がよくつくられます。奈良時代《ならじだい》に中国《ちゅうごく》から「唐菓子《とうがし》」として入《はい》ってきたものを、後《のち》に武田信玄《たけだしんげん》が陣中食《じんちゅうしょく》に取《と》り入《い》れ、農民《のうみん》の主食《しゅしょく》として広《ひろ》まったといわれています。小麦粉《こむぎこ》に塩《しお》と水《みず》を加《くわ》えてこねてまとめ、ぬれぶきんに包《つつ》んでしばらくねかせます。それをめん棒《ぼう》で伸《の》ばし、幅《はば》1センチほどに切《き》ってめんをつくります。野菜《やさい》や油揚《あぶらあ》げ、鶏肉《とりにく》などを煮《に》こみ、みそで味《あじ》つけし、めんを入《い》れて煮《に》ればできあがりです。

●貝《かい》の味《あじ》わいが深《ふか》くなる「煮貝《にがい》」

　海《うみ》から遠《とお》い甲州地方《こうしゅうちほう》では、海《うみ》の魚貝類《ぎょかいるい》を生《なま》のままで食《た》べることはできませんでした。そのため、駿河国《するがのくに》（今《いま》の静岡県中部《しずおかけんちゅうぶ》）の魚問屋《さかなどんや》がアワビなどをしょうゆ煮《に》にして甲州《こうしゅう》まで運《はこ》んでいました。それが「煮貝《にがい》」のはじまりといわれています。独特《どくとく》の味《あじ》わい深《ぶか》さから、しだいに「甲州《こうしゅう》みやげ」として知《し》られるようになり、江戸《えど》でも人気《にんき》を博《はく》しました。交通《こうつう》が便利《べんり》になってからは山梨県内《やまなしけんない》で煮貝《にがい》がつくられるようになり、特産品《とくさんひん》となりました。現在《げんざい》はアワビでつくられるものが多《おお》く、ご飯《はん》のおかずや酒《さけ》のつまみとして人気《にんき》です。

画像提供：元祖みな与
こちらのお店では国産のアワビのみを使用しています。

※ハレの日《ひ》‥‥祭礼《さいれい》や年中行事《ねんじゅうぎょうじ》などの晴《は》れがましいおめでたい日《ひ》のこと。反対《はんたい》は「ケの日《ひ》」。

山梨《やまなし》の祭《まつ》り

河口湖湖上祭《かわぐちここじょうさい》／吉田《よしだ》の火祭《ひまつ》り

湖上《こじょう》にあざやかな花火《はなび》が打《う》ちあがります。

●花火《はなび》が盛大《せいだい》にあがる「河口湖湖上祭《かわぐちここじょうさい》」

毎年《まいとし》8月《がつ》に、富士五湖最大《ふじごこさいだい》の湖《みずうみ》である河口湖《かわぐちこ》で行《おこな》われます。もともと、河口地区《かわぐちちく》にある浅間神社《せんげんじんじゃ》の祭事《さいじ》「夏越大祓《なごしのおおはらい》」では、「禊紙《みそぎがみ》」を船《ふね》に乗《の》せて湖《みずうみ》に出《で》て流《なが》す「みそぎ流《なが》し」が行《おこな》われていました。これに合《あ》わせて、商業組合《しょうぎょうくみあい》の人々《ひとびと》が30発《ぱつ》の花火《はなび》を打《う》ちあげたのがはじまりといわれています。現在《げんざい》は「河口湖湖上祭《かわぐちここじょうさい》」として色《いろ》とりどりの花火《はなび》が盛大《せいだい》に湖上《こじょう》を染《そ》める、夏《なつ》の風物詩《ふうぶつし》となりました。

●山《やま》じまいを告《つ》げる「吉田《よしだ》の火祭《ひまつ》り」

どーん、どーんという太鼓《たいこ》の音《おと》とともに、神輿《みこし》が浅《せん》間神社《げんじんじゃ》を威勢《いせい》よく出発《しゅっぱつ》します。特《とく》に目《め》をひくのが、富《ふ》士山《じさん》の形《かたち》をした「お山《やま》さん」と呼《よ》ばれる神輿《みこし》です。神《み》輿《こし》は町《まち》の人《ひと》にかつがれ、富士吉田市《ふじよしだし》の「御旅所《おたびしょ》」へと向《む》かいます。国道《こくどう》139号《ごう》(富士《ふじ》みち)には、高《たか》さ3メートルある松明《たいまつ》が80本《ぽん》も並《なら》んでいます。いっせいに火《ひ》がともされると、浅間神社《せんげんじんじゃ》から終点《しゅうてん》の金鳥居《かなどりい》までの沿《えん》道《どう》2キロにわたって火《ひ》の帯《おび》が続《つづ》きます。

すすきの御注連《おしめ》。

すすきの穂《ほ》に願《ねが》いをたくす

300年以上《ねんいじょう》の歴史《れきし》をもつ「吉田《よしだ》の火祭《ひまつ》り」は、毎《まい》年《とし》8月《がつ》に行《おこな》われる北口本宮富士浅間神社《きたぐちほんぐうふじせんげんじんじゃ》と諏訪神社《すわじんじゃ》の祭《まつ》りです。夏《なつ》の登山《とざん》でにぎわった富士山《ふじさん》も、8月《がつ》が終《お》わるころには「山《やま》じまい」。山《やま》じまいための「火祭《ひまつ》り」が終《お》わったら、翌日《よくじつ》は「すすき祭《まつ》り」が行《おこな》われ、浅間《せんげん》神社《じんじゃ》の鳥居《とりい》にすすきの穂《ほ》が飾《かざ》られます。すすきの穂《ほ》に「御注連《おしめ》」をつけて神輿《みこし》にしたがうと、商売繁盛《しょうばいはんじょう》、学《がく》業成就《ぎょうじょうじゅ》、安産《あんざん》などの願《ねが》いが叶《かな》うといわれています。

山梨《やまなし》の伝統工芸《でんとうこうげい》

甲州《こうしゅう》水晶《すいしょう》貴石《きせき》細工《ざいく》／甲州《こうしゅう》印伝《いんでん》／甲州《こうしゅう》手彫《てぼり》印章《いんしょう》

●透《す》き通《とお》るかがやき「甲州水晶貴石細工《こうしゅうすいしょうきせきざいく》」

約《やく》1000年前《ねんまえ》、御岳昇仙峡《みたけしょうせんきょう》の奥地《おくち》で水晶《すいしょう》の原石《げんせき》が発見《はっけん》されました。当時《とうじ》は原石《げんせき》をそのまま飾《かざ》っていましたが、江戸時代《えどじだい》に京都《きょうと》の職人《しょくにん》から水晶《すいしょう》をみがく技術《ぎじゅつ》が伝《つた》わりました。半円形《はんえんけい》の鉄板《てっぱん》の上《うえ》に金剛砂《こんごうしゃ》というかたい石《いし》の粉末《ふんまつ》をまき、石《いし》をみがくのです。この技術《ぎじゅつ》により、「貴石細工《きせきざいく》」がつくられるようになりました。

明治時代《めいじじだい》になると細工《さいく》の技術《ぎじゅつ》が発達《はったつ》し、海外《かいがい》へも輸出《ゆしゅつ》されましたが、原石《げんせき》の水晶《すいしょう》がとれなくなってしまいました。そこで、大正時代《たいしょうじだい》からは水晶《すいしょう》の原石《げんせき》とともに、めのう、トラメ石《いし》などが輸入《ゆにゅう》・加工《かこう》されるようになりました。現在《げんざい》は伝統工芸品《でんとうこうげいひん》として、また宝飾品《ほうしょくひん》として、日本《にほん》のみならず海外《かいがい》でも高《たか》い評価《ひょうか》を得《え》ています。

甲州《こうしゅう》水晶《すいしょう》貴石《きせき》細工《ざいく》ができるまで

①下絵描《したえが》き

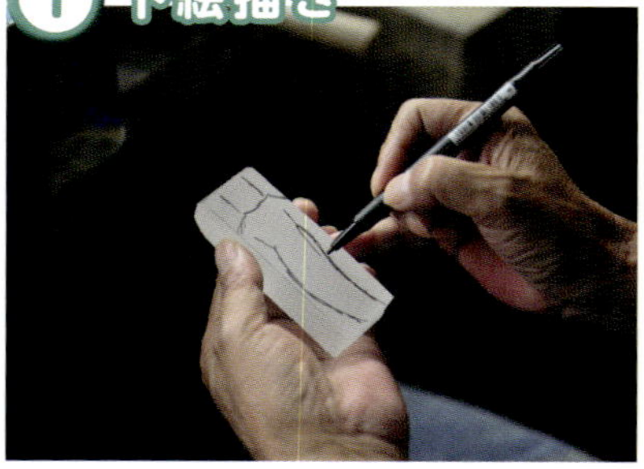

原石《げんせき》から使《つか》う部分《ぶぶん》だけを切《き》り取《と》り、できあがりのイメージをもとに下絵《したえ》を描《か》きます。

②切《き》りこみ

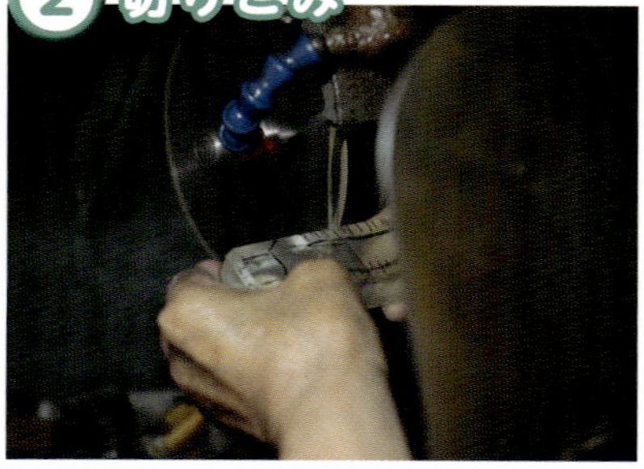

下絵《したえ》をもとに、高速《こうそく》で回転《かいてん》しているダイヤで切《き》りこみを入《い》れていきます。

③かっこみ

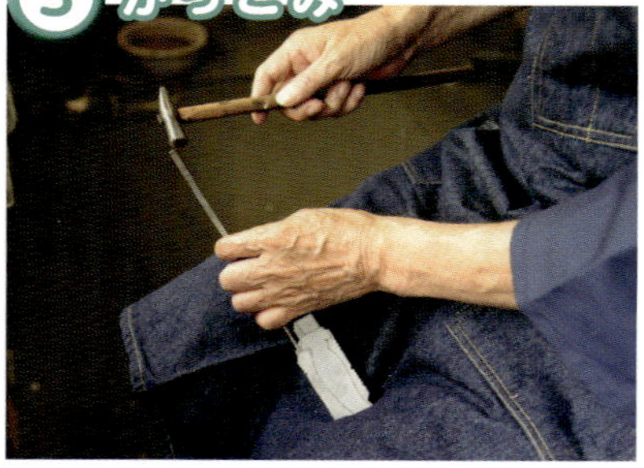

大《おお》まかに不必要《ふひつよう》な部分《ぶぶん》を小槌《こづち》とタガネでかき取《と》っていきます。

④粗《あら》ずり

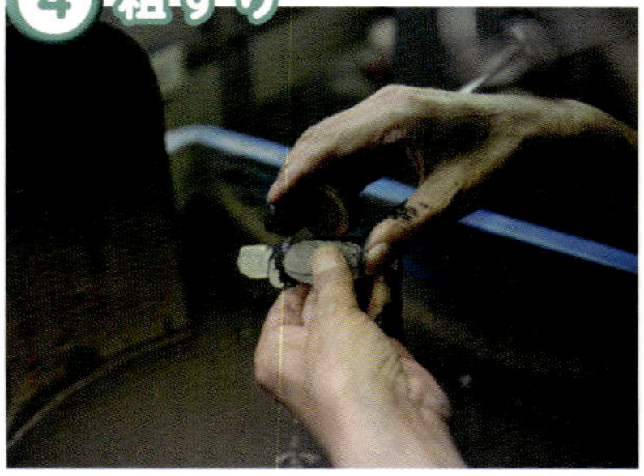

鉄《てつ》でできた円形《えんけい》の「コマ」を高速《こうそく》で回転《かいてん》させ、石《いし》を正確《せいかく》な型《かた》に削《けず》っていきます。

⑤仕上《しあ》げずり

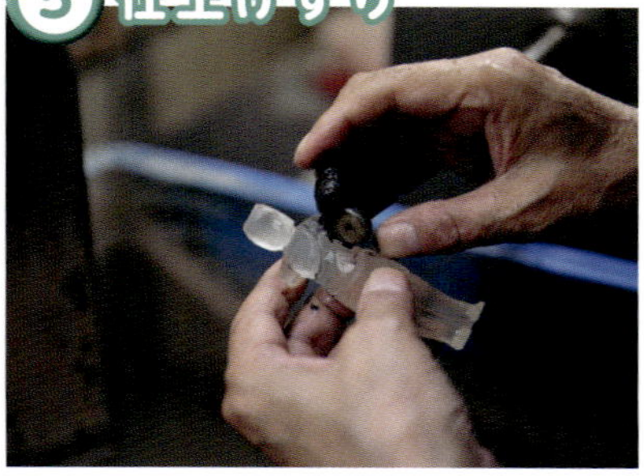

ざらざらした部分《ぶぶん》を木《き》のコマでみがき、アレキサンという細《こま》かい砂《すな》で仕上《しあ》げます。

⑥みがき

最後《さいご》に貴石《きせき》が美《うつく》しくかがやくようにみがきます。

● 鹿革を使った工芸品「甲州印伝」

「印伝」とは、なめし加工をほどこした鹿革に漆などで装飾した袋物のことです。非常に柔らかい手ざわりが特徴で、巾着や早道（銭入れ）に使われてきました。革工芸は奈良時代から行われていましたが、江戸時代に外国からインドの装飾革が伝わり、「印度伝来」から「印伝」と名づけられたといわれています。現在、製法が伝わっているのは甲府でつくられている「甲州印伝」のみで、袋物やハンドバッグなどがつくられています。

● 歴史ある印かん「甲州手彫印章」

御岳山系には、良質で巨大な水晶鉱がありました。そのため水晶印材とともにその彫刻技術が発達し、江戸時代には数多くの水晶加工業者がいました。それと同時にツゲ、水牛などの加工技術も発達しました。明治時代に入ると一般市民の間に急速に印章が普及したことから、山梨県でも「甲州手彫印章」に力を入れるようになり、工芸品として発展したのです。

山梨のはぁ～くん民謡　馬八節

● 馬八の美声が生んだ「馬八節」

戦国時代、大武川筋一帯は、名馬「甲斐駒」の産地でした。武田の家臣、黒田八右衛門の息子・馬八は馬好きで、馬をひいて人や荷物を運ぶ「馬子」になりました。馬八は韮崎まで自作の歌を歌いながら馬で荷を運びましたが、そのすばらしい歌声が街道の人々の評判になり、その歌は誰ともなく「馬八節」と呼ばれました。こうして、馬八節が広まっていったといわれています。

> 馬の蹄に合わせて歌われていたから、「七、五、五、七、四」と、独特のテンポになったんだよ

馬八節

オーヤレヨー　大川端で　コーラ
葦よ苅れば葦ぁなびく　葦切ぁ踊いて
コーラ　からまる

オーヤレヨー　馬八ぁ馬鹿と　コーラ
仰やれども　馬八の　唄聞く奴は
コーラ　なお馬鹿

オーヤレヨー　韮崎出ては　コーラ
日の七つ　白須へな　着いたが夜の
コーラ　九つ

オーヤレヨー　わたしの生まれ　コーラ
入り大坊　薮の湯へ　来たならお寄り
コーラ　くだされ

富士山《ふじさん》の恵《めぐ》みを受《う》けて発展《はってん》

自然《しぜん》が育《はぐく》む

国内最高《こくないさいこう》の標高《ひょうこう》、そして美《うつく》しい姿《すがた》で、日本《にほん》の象徴《しょうちょう》とされる「富士山《ふじさん》」。2013年《ねん》に「富士山《ふじさん》－信仰《しんこう》の対象《たいしょう》と芸術《げいじゅつ》の源泉《げんせん》」の名《な》で、ユネスコ世界文化遺産《せかいぶんかいさん》に登録《とうろく》され、その自然《しぜん》の恵《めぐ》みと歴史《れきし》をいかした伝統文化《でんとうぶんか》が存在《そんざい》しています。

富士山《ふじさん》が生《う》み出《だ》す豊《ゆた》かできれいな地下水《ちかすい》は、古《ふる》くからふもとの人々《ひとびと》の生活用水《せいかつようすい》、農業用水《のうぎょうようすい》として利用《りよう》されてきました。現在《げんざい》の工業《こうぎょう》の発《はっ》展《てん》にも大《おお》きな役割《やくわり》を果《は》たしています。

芸術作品《げいじゅつさくひん》のモデルになった「富士山《ふじさん》」

富士山《ふじさん》は、山梨《やまなし》・静岡両県《しずおかりょうけん》にまたがり、高《たか》さは3776メートルと日本最高《にほんさいこう》で、火口直径《かこうちょっけい》は約《やく》800メートルにもなります。約《やく》10万年前《まんねんまえ》に誕生《たんじょう》し、2つの時期《じき》にわたる噴火活動《ふんかかつどう》によって、現在《げんざい》の美《うつく》しい円《えん》すい形《けい》を形《かたち》づくってきました。富士山《ふじさん》ろくにある山中湖《やまなかこ》・河口湖《かわぐちこ》・西湖《さいこ》・精進湖《しょうじこ》・本栖湖《もとすこ》の5つの湖《みずうみ》もまた、富士山《ふじさん》の溶岩流《ようがんりゅう》によりできたもので、「富士五湖《ふじごこ》」と呼《よ》ばれます。

富士山《ふじさん》は「富士講《ふじこう》」などにみられるように、古《ふる》くから人々《ひとびと》にあがめられ、頂上《ちょうじょう》の浅間神社《せんげんじんじゃ》をめざして信仰登山《しんこうとざん》が盛《さか》んに行《おこな》われてきました。また、雄大《ゆうだい》で俗世間《ぞくせけん》を超越《ちょうえつ》した山《やま》の姿《すがた》や、三保松原《みほのまつばら》などに代表《だいひょう》される展望地《てんぼうち》は、古《ふる》くから芸術家《げいじゅつか》の心《こころ》を刺激《しげき》しました。日本最古《にほんさいこ》の歌集《かしゅう》『万葉集《まんようしゅう》』に登場《とうじょう》したり、俳句《はいく》や和歌《わか》の題材《だいざい》となったり、江戸時代《えどじだい》には葛飾北斎《かつしかほくさい》や歌川広重《うたがわひろしげ》などによって浮世絵《うきよえ》に描《えが》かれたり、さまざまな芸術作品《げいじゅつさくひん》となったのです。

※富士講《ふじこう》…江戸時代《えどじだい》に組織化《そしきか》された、富士山《ふじさん》を信仰《しんこう》する集団《しゅうだん》。

山梨県《やまなしけん》の伝統文化《でんとうぶんか》

文化《ぶんか》や伝統工芸品《でんとうこうげいひん》を生《う》み出《だ》した「富士山《ふじさん》」

富士山《ふじさん》は、豊《ゆた》かな自然《しぜん》があり、その大《おお》いなる自然《しぜん》の恩恵《おんけい》や歴史《れきし》が、多《おお》くの文化《ぶんか》や伝統工芸品《でんとうこうげいひん》を生《う》み出《だ》しました。

富士山《ふじさん》からいろいろなものがつくられたんだね

富士山《ふじさん》の土壌《どじょう》が生《う》んだ
甲州雨畑硯《こうしゅうあまはたすずり》

甲州雨畑硯《こうしゅうあまはたすずり》は、角度《かくど》によって微妙《びみょう》に色合《いろあ》いが変《か》わるしっとりとした美《うつく》しい黒《くろ》、ずっしりとした重厚《じゅうこう》さが魅力《みりょく》の硯《すずり》です。今《いま》から320年以上前《ねんいじょうまえ》、身延山《みのぶさん》へ詣《もう》でる途中《とちゅう》だった雨宮孫右衛門《あまのみやまごうえもん》が富士川支流《ふじかわしりゅう》の早川河原《はやかわかわら》でまっ黒《くろ》な石《いし》を発見《はっけん》し、これを硯《すずり》にしたことがはじまりといわれています。この黒《くろ》い石《いし》は粒子《りゅうし》が一定《いってい》でよい墨《すみ》がすれ、硯《すずり》に適《てき》していたのです。

2合目付近《ごうめふきん》の竹《たけ》が材料《ざいりょう》
富士勝山《ふじかつやま》スズ竹細工《たけざいく》

富士山《ふじさん》2合目付近《ごうめふきん》に自生《じせい》するスズ竹《たけ》を使《つか》ってつくられる工芸品《こうげいひん》です。スズ竹《たけ》は、しなやかで香《かお》りがよいのが特徴《とくちょう》。細《こま》かい目《め》で編《あ》まれたザルなどの工芸品《こうげいひん》は、じょうぶでありながら繊細《せんさい》で、実用品《じつようひん》としてだけでなくインテリアとしても好《この》まれています。スズ竹細工《たけざいく》は江戸時代初期《えどじだいしょき》にはじまり、原料《げんりょう》から技法《ぎほう》にいたるまで、今《いま》もつくり手《て》に受《う》け継《つ》がれています。

噴火《ふんか》でできた富士五湖《ふじごこ》の1つ、山中湖《やまなかこ》にある
山中諏訪神社《やまなかすわじんじゃ》の「安産祭《あんざんまつ》り」

富士五湖《ふじごこ》の1つ山中湖湖畔《やまなかここはん》にある、山中諏訪神社《やまなかすわじんじゃ》。この神社《じんじゃ》の祭神《さいじん》は、安産守護《あんざんしゅご》の神様《かみさま》・豊玉姫《とよたまひめ》です。毎年《まいとし》9月《がつ》に行《おこな》われる「安産祭《あんざんまつ》り」は、子授《こさず》け・安産《あんざん》の御利益《ごりやく》があるといわれる祭《まつ》りです。夜祭《よまつり》の神輿《みこし》をかついだ女性《じょせい》には安産《あんざん》が約束《やくそく》されるといわれ、遠方《えんぽう》からも妊産婦《にんさんぷ》や新婚女性《しんこんじょせい》が集《あつ》まります。神輿《みこし》が境内《けいだい》をねり歩《ある》くと、祭《まつ》りに来《き》た人《ひと》たちがついていきます。臨月《りんげつ》に近《ちか》い妊産婦《にんさんぷ》、生《う》まれて間《ま》もない子《こ》どもを背負《せお》った母親《ははおや》、縁結《えんむす》びや子宝《こだから》を願《ねが》う女性《じょせい》、その相手《あいて》の男性《だんせい》など、みなが集《あつ》まり、一心《いっしん》に安産《あんざん》を祈《いの》ります。

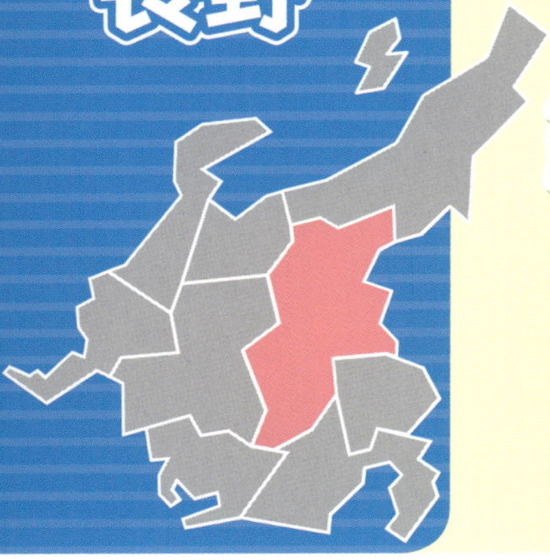

長野

そびえる山は日本の屋根
緑豊かで美しい長野県

槍ヶ岳、赤石岳など3000メートル級の山がそびえ、その中にいくつもの盆地をもつ海のない県です。この地形が歴史や文化、伝統工芸品の誕生に影響を与えています。

> あの子、わにちゃって
> （あの子、人見知りしちゃって　の意味）

長野の郷土料理
鯉料理／おやき

「鯉のあらい」。千曲川のきれいな水で育てるので、くさみが少なく身がしまっていることが特徴です。

● きれいな水で育てたコイでつくる「鯉料理」

「鯉こく」「鯉のあらい」に使われるのが「佐久鯉」です。佐久市周辺では、古くから水田でコイの養殖が行われ、食べられていました。千曲川のきれいな水で育てるため、おいしいコイになります。最近は、池で養殖されるようになっています。

鯉のあらいは、新鮮なコイを薄く刺身にして、洗って身をしめた料理です。頭を落としてキモをつぶさないように内臓を取り、三枚おろしにして、皮を取ります。薄くそぎ切りにしたら、人肌の湯にサッと通し、冷水で身をしめます。冷水で身を洗うことでシャキッとした歯ごたえになります。

じっくり煮《に》こむ「鯉《こい》こく」

「鯉《こい》こく」は、祭《まつ》りや祝《いわ》い事《ごと》などでつくられる、コイをじっくりと煮《に》こんだ料理《りょうり》です。コイはクセがある魚《さかな》なので、調理《ちょうり》や味《あじ》つけも独特《どくとく》です。まず、コイの頭《あたま》を切《き》り落《お》とし、キモをつぶさないように取《と》りのぞきます。つぶすと全体《ぜんたい》に苦味《にがみ》と独特《どくとく》のにおいがつき、使《つか》えなくなるからです。身《み》を２センチほどの厚《あつ》さの輪切《わぎ》りにして、あくを取《と》りながら煮《に》て、みそや砂糖《さとう》で味《あじ》をつければ完成《かんせい》です。

みそ煮《に》にするのでコイのくせがなくなり、小骨《こぼね》もやわらかく、食《た》べやすくなります。

ほっとする家庭《かてい》の味《あじ》「おやき」

山地《さんち》が多《おお》く、コメづくりに適《てき》していない土地《とち》が多《おお》い長野県《ながのけん》。こうした地域《ちいき》では、ソバや小麦《こむぎ》、アワなどの雑穀類《ざっこくるい》を栽培《さいばい》して主食《しゅしょく》やおやつにしてきました。長野《ながの》市一帯《しいったい》では、小麦粉《こむぎこ》を水《みず》でねってつくった皮《かわ》に、野菜《やさい》を味《あじ》つけしたものやあんこを入《い》れ、表面《ひょうめん》に焦《こ》げ目《め》をつけてから蒸《む》し焼《や》きにする「おやき」がよくつくられます。おやきのような食《た》べ物《もの》は長野県《ながのけん》の各地《かくち》でつくられており、使《つか》われる具材《ぐざい》も、呼《よ》び方《かた》も違《ちが》います。諏訪地《すわち》方《ほう》では、コメの粉《こな》で皮《かわ》をつくり、黒砂糖《くろざとう》やみそでできたあんを入《い》れる「焼《や》きもち」が、木曽地方《きそちほう》では、ソバ粉《こ》を使《つか》った「そば焼《や》きもち」がつくられます。

そばのルーツ「信州《しんしゅう》そば」

ソバは、標高《ひょうこう》の高《たか》いところや、冷涼《れいりょう》な気候《きこう》を好《この》むため、古《ふる》くから信州《しんしゅう》（今《いま》の長野県《ながのけん》）で栽培《さいばい》されてきました。そばは、だんごやおやきなどで食《た》べられてきましたが、江戸時代《えどじだい》になると信州《しんしゅう》で「そば切《き》り」がはじまり、今《いま》のようなめんになりました。めんになったそばは江戸時代《えどじだい》の中《なか》ごろから全国的《ぜんこくてき》に広《ひろ》まり、特《とく》に江戸《えど》の庶民《しょみん》に親《した》しまれました。

松本家具《まつもとかぐ》／信州打刃物《しんしゅううちはもの》／内山紙《うちやまがみ》

●じょうぶで見事《みごと》な「松本家具《まつもとかぐ》」

16世紀後半《せいきこうはん》に松本城《まつもとじょう》ができると、松本《まつもと》は城下町《じょうかまち》として栄《さか》え、産《さん》業《ぎょう》が発展《はってん》しました。その1つが「松本家具《まつもとかぐ》」です。松本市周辺《まつもとししゅうへん》に材《ざい》料《りょう》となるケヤキやナラなどの木材《もくざい》が豊富《ほうふ》にあったこと、空気《くうき》が乾燥《かんそう》していたことから、木材《もくざい》を加工《かこう》・貯蔵《ちょぞう》しやすかったのです。江戸時《えどじ》代《だい》の末期《まっき》になると、箪笥《たんす》、茶箪笥《ちゃだんす》、食卓《しょくたく》など庶民《しょみん》の生活《せいかつ》に使《つか》う家具《かぐ》として生産《せいさん》されるようになり、交通《こうつう》の発達《はったつ》とともに全国《ぜんこく》に流通《りゅうつう》するようになりました。

松本家具《まつもとかぐ》ができるまで

①木材乾燥《もくざいかんそう》

国産木材《こくさんもくざい》を半年間天然乾燥《はんとしかんてんねんかんそう》させ、水分《すいぶん》を15％以内《いない》に落《お》とします。厚《あつ》い木材《もくざい》は2～5年《ねん》かかることもあります。

②裁断加工《さいだんかこう》

木《き》は環境《かんきょう》により、わずかにそったり、縮《ちぢ》んだりするので、経験《けいけん》をもとに木材《もくざい》の性質《せいしつ》を見極《みきわ》めて切《き》り出《だ》します。

③木地加工《きじかこう》

木材《もくざい》に線《せん》や印《しるし》をつける「墨《すみ》つけ」をし、伝統的技法《でんとうてきぎほう》で、部材《ぶざい》どうしをつなぐ「接手《つぎて》」「組手《くみて》」をつくります。

④組立加工《くみたてかこう》

まず、木取職人《きとりしょくにん》が適材《てきざい》を吟味《ぎんみ》し材料《ざいりょう》を用意《ようい》します。次《つぎ》に、組立《くみたて》職人《しょくにん》が材料《ざいりょう》を手《て》のひらで確認《かくにん》しながら組《く》み立《た》てます。

⑤塗装作業《とそうさぎょう》

木地《きじ》の木目《きめ》をいかし、漆《うるし》を何度《なんど》もすりこむ「拭漆塗《ふきうるしぬり》」で塗装《とそう》します。漆《うるし》を塗《ぬ》り重《かさ》ね、重厚《じゅうこう》さと美《うつく》しさを引《ひ》き出《だ》します。

⑥仕上《しあ》げ加工《かこう》

各部《かくぶ》の取《と》りつけを行《おこな》ったうえで、機能《きのう》の点検《てんけん》をし、調整《ちょうせい》を行《おこな》って完成《かんせい》です。

●強靭《きょうじん》で使《つか》いやすい「信州打刃物《しんしゅううちはもの》」

武田信玄《たけだしんげん》と上杉謙信《うえすぎけんしん》の「川中島《かわなかじま》の戦《たたか》い」があった当時《とうじ》、この地《ち》を行《い》き来《き》して武具《ぶぐ》や刀剣類《とうけんるい》の修理《しゅうり》をしていた刃物《はもの》づくりの職人《しょくにん》たちがいました。この職人《しょくにん》たちによって、鍛冶《かじ》の技術《ぎじゅつ》が伝《つた》えられ、つくられたのが「信州打刃物《しんしゅううちはもの》」です。最大《さいだい》の特徴《とくちょう》は、強靭《きょうじん》さ。鉄《てつ》と鋼《はがね》を約《やく》900度《ど》の炉《ろ》で加熱《かねつ》し、手鎚《てづち》でたたき、さらに780度《ど》ほどで加熱《かねつ》した後《あと》、急冷《きゅうれい》し、じょうぶな刃物《はもの》をつくります。現在《げんざい》も「信州鎌《しんしゅうがま》」「そば切《き》り包丁《ほうちょう》」「ナタ」など多《おお》くの刃物《はもの》がつくられています。

●高級障子紙《こうきゅうしょうじがみ》の「内山紙《うちやまがみ》」

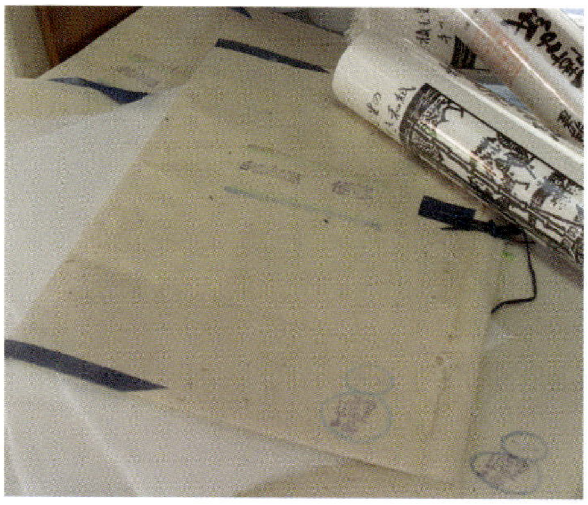

「内山紙《うちやまがみ》」は、高級障子紙《こうきゅうしょうじがみ》として全国的《ぜんこくてき》に知《し》られています。原料《げんりょう》となるコウゾを雪《ゆき》にさらすことで生《う》まれる、自然《しぜん》で美《うつく》しい白《しろ》さが特徴《とくちょう》です。光《ひかり》をよく通《とお》し、日差《ひざ》しによる変色《へんしょく》が少《すく》なく、じょうぶであることから、障子紙《しょうじがみ》として重宝《ちょうほう》されてきました。江戸時代初期《えどじだいしょき》、美濃《みの》で製法《せいほう》を身《み》につけた職人《しょくにん》が、自分《じぶん》の家《いえ》で紙《かみ》をすいたのがはじまりで、農家《のうか》の冬場《ふゆば》の副業《ふくぎょう》として盛《さか》んに行《おこな》われてきました。現在《げんざい》は飯山市《いいやまし》や野沢温泉村《のざわおんせんむら》などでつくられています。

長野《ながの》の芸能《げいのう》

雨宮《あめのみや》の神事芸能《じんじげいのう》

「橋《はし》がかり」。獅子《しし》が頭《あたま》を振《ふ》り水面《すいめん》をたたく。

●獅子《しし》が逆《さか》さにつるされる「雨宮《あめのみや》の神事芸能《じんじげいのう》」

千曲市《ちくまし》にある雨宮坐日吉神社《あめのみやにますひよしじんじゃ》では、3年《ねん》に1度《ど》祭《まつ》りが行《おこな》われます。その時《とき》に奉納《ほうのう》されるのが「雨宮《あめのみや》の神事《しんじ》芸能《げいのう》」です。歌《うた》や太鼓《たいこ》や笛《ふえ》に合《あ》わせて、獅子《しし》の衣装《いしょう》など、祭《まつ》りの装束《しょうぞく》を身《み》につけた人《ひと》たちが舞《ま》うこの芸能《げいのう》は、「獅子踊《ししおど》り」とも呼《よ》ばれます。

起源《きげん》ははっきりしませんが、疫病《えきびょう》や田畑《たはた》の荒廃《こうはい》といったたたりの元凶《げんきょう》となる怨霊《おんりょう》を、華《はな》やかな踊《おど》りやおはやしで鎮《しず》め、豊作《ほうさく》を祈《いの》るもので、500年《ねん》以上前《いじょうまえ》から　続《つづ》いているいわれています。クライマックスは、「橋《はし》がかり」。高《たか》さ約《やく》7メートルの橋《はし》から沢山川《さわやまがわ》へ逆《さか》さづりにされた4頭《とう》の獅子《しし》が、水面《すいめん》に頭《あたま》を打《う》ちつける姿《すがた》が圧巻《あっかん》です。

御柱祭《おんばしらさい》／新野《にいの》の雪祭《ゆきまつ》り

人《ひと》の力《ちから》のみで建《た》てられる16本《ぽん》の御柱《おんばしら》「御柱祭《おんばしらさい》」

諏訪湖周辺《すわこしゅうへん》にある4か所《しょ》の諏訪大社《すわたいしゃ》は、全国各地《ぜんこくかくち》にある諏訪神社《すわじんじゃ》の総本社《そうほんしゃ》です。ここで7年目《ねんめ》に1度《ど》、行《おこな》われる祭《まつ》りが「御柱祭《おんばしらさい》」です。正式《せいしき》には「式年造営御《しきねんぞうえいみ》柱大祭《はしらたいさい》」といい、宝殿《ほうでん》のつくり替《か》えをし、各社殿《かくしゃでん》の四《よ》隅《すみ》に「御柱《おんばしら》」と呼《よ》ばれる樹齢《じゅれい》200年《ねん》ほどのモミの大木《たいぼく》を建《た》てる祭《まつ》りです。御柱《おんばしら》は、直径約《ちょっけいやく》1メートル、長《なが》さ約《やく》17メートル、重《おも》さ12～13トンもあります。この巨木《きょぼく》を人《ひと》の力《ちから》のみで引《ひ》き、各社殿《かくしゃでん》に立《た》てるのです。社《しゃ》殿《でん》は、上社《かみしゃ》と下社《しもしゃ》、合《あ》わせて4社《しゃ》あります。上社《かみしゃ》は、茅野市《ちのし》の上社前宮《かみしゃまえみや》と諏訪市《すわし》の上社本宮《かみしゃほんみや》があり、下社《しもしゃ》は、下諏訪町《しもすわまち》の下社春宮《しもしゃはるみや》と下社秋宮《しもしゃあきみや》があり、合計《ごうけい》16本《ぽん》の御柱《おんばしら》を建《た》てます。

山出《やまだ》しの見《み》どころの1つ「木落《きおと》し」。上社《かみしゃ》の御柱《おんばしら》には「めどてこ」といわれる2本《ほん》の角《つの》のような柱《はしら》がつけられ、これに若《わか》い衆《しゅう》が乗《の》り音頭《おんど》をとります。

上社《かみしゃ》の御柱《おんばしら》

祭《まつ》りが行《おこな》われる年《とし》の4月《がつ》ごろに「山出《やまだ》し」、5月《がつ》ごろに「里曳《さとひ》き」が行《おこな》われ、前宮《まえみや》と本宮《ほんみや》の社殿《しゃでん》の四隅《よすみ》に御柱《おんばしら》が建《た》てられます。山出《やまだ》しは八ヶ岳《やつがたけ》のふもと、八ヶ《やつが》岳農場《たけのうじょう》の下《した》にある綱置《つなお》き場《ば》から御柱《おんばしら》を曳《ひ》き出《だ》し、御柱《おんばしら》屋敷《やしき》と呼《よ》ばれるところまで、3日間《かかん》かけて運《はこ》びます。里曳《さとひ》きは、御柱屋敷《おんばしらやしき》からそれぞれのお宮《みや》へと3日間《かかん》かけて御柱《おんばしら》を運《はこ》び建《た》てます。

山出《やまだ》しの途中《とちゅう》にある「川越《かわご》し」。水温《すいおん》10度以下《どいか》の雪解《ゆきど》け水《みず》が流《なが》れる川《かわ》を渡《わた》ります。ここで御柱《おんばしら》を洗《あら》い清《きよ》めるとされています。

里曳《さとひ》きは、昔《むかし》ながらの華《はな》やかな行列《ぎょうれつ》が特徴《とくちょう》。騎《き》馬行列《ばぎょうれつ》や花笠踊《はながさおど》りなど、にぎやかです。

下社《しもしゃ》の御柱《おんばしら》

上社《かみしゃ》と同《おな》じ年《とし》、4月中旬《がつちゅうじゅん》ごろに「山出《やまだ》し」、5月《がつ》中旬《ちゅうじゅん》ごろに「里曳《さとひ》き」が行《おこな》われ、春宮《はるみや》と秋宮《あきみや》の社殿《しゃでん》の四隅《よすみ》に計《けい》8本《ほん》の御柱《おんばしら》が建《た》てられます。下社《しもしゃ》の見《み》どころの1つが、山出《やまだ》しの途中《とちゅう》に出《で》てくる、最大斜度《さいだいしゃど》35度《ど》、距離《きょり》100メートルの「木落《きおと》し坂《ざか》」です。この坂《さか》を御柱《おんばしら》は土煙《つちけむり》をあげ、ごう音《おん》をひびかせながらくだっていきます。

木落《きおと》しは、曳《ひ》き子《こ》が御柱《おんばしら》に乗《の》ってくだります。

長野

●びんざさらが鳴る「新野の雪祭り」

阿南町新野の伊豆神社で、毎年1月14日から15日にかけて徹夜で行われる「新野の雪祭り」。雪を稲穂の花にみたてて、大雪（豊作）を願う祭りです。祭りの日に雪がふると豊作になるといわれています。

田楽、舞楽、神楽、猿楽、田遊びなど、面をつけて神様の化身となった人たちが舞います。登場する神様たちはさまざまで、赤ずきんに長いワラの冠を身につけた「幸法」、つくり物の馬をたづなさばきで本物のように見せる「競馬」、宮司がつとめる「お牛」などがおり、多彩な舞がくり広げられます。

動きが本物の馬のような「競馬」。

長野のはぁぁ～民謡

木曽節

●古くから歌い継がれた「木曽節」

木曽地方にある御岳山のふもとには、広大な森林地帯が広がります。ここでは古くから木材が切り出されてきました。諸国から木曽の山へ入ってきた多くの労働者たちや中山道を旅する人によって、木曽で歌われていた「木曽踊り」という歌が広まったといわれています。この「木曽踊り」とは、当時、木曽地方で歌い踊ったさまざまな民謡の総称で、中でも格調高く全国的に有名になったのが「木曽節」です。

木曽節

木曽のナー　仲乗りさん
木曽の御岳　ナンチャラホイ
夏でも寒い　ヨイヨイヨイ
　袷ょナー　仲乗りさん
　足袋ょやりたや　ナンチャラホイ
　足袋ょ添えて　ヨイヨイヨイ

袷ばかりは　やらせもせまい
襦袢仕立てて　足袋を添えて

木曽の名木　檜に椹
杜松や翌檜に　高野槙

木曽の名物　お六の櫛は
切りし前髪　止めに挿す

心細いぞ　木曽路の旅は
笠に木の葉が　舞い掛かる

三里笹山　二里松林
嫁ごよく来た　五里の道

木曽で生まれた　仲乗りさんが
可愛がられて　みやこまで

「木曽踊り」は、今から400年も前に、盆踊りとして京都で踊られていたことがわかっているんだ

※田楽…田植えなどの農耕行事に豊作を祈った芸能が発展したもの。

岐阜《ぎふ》

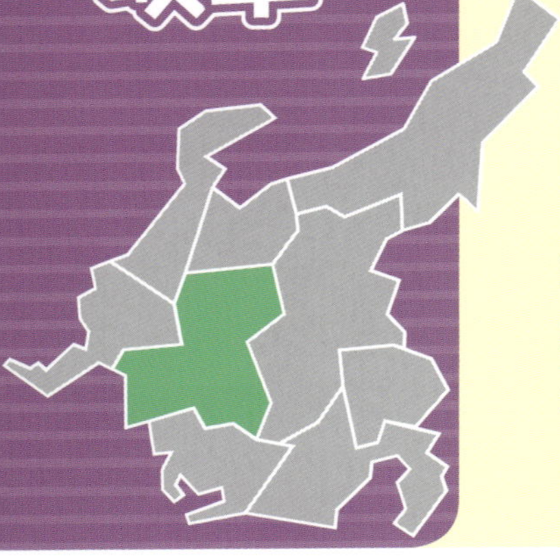

東西文化《とうざいぶんか》の交流地《こうりゅうち》

日本《にほん》のまん中《なか》、岐阜県《ぎふけん》

飛騨《ひだ》と美濃《みの》の両地方《りょうちほう》からなり、飛騨《ひだ》は3000メートル級《きゅう》の山々《やまやま》、美濃《みの》は水郷《すいごう》として知《し》られ「飛騨《ひだ》の山《やま》、美濃《みの》の水《みず》」とも呼《よ》ばれます。古《ふる》くから東西文化《とうざいぶんか》の交流地点《こうりゅうちてん》として栄《さか》えました。

やっとかめじゃのー！
(久《ひさ》しぶりですねー！の意味《いみ》)

岐阜《ぎふ》の祭《まつ》り

古川祭《ふるかわまつり》／高山祭《たかやままつり》

櫓《やぐら》の上《うえ》に乗《の》って太鼓《たいこ》を打《う》つ人《ひと》は「太鼓打《たいこう》ち」と呼《よ》ばれ、「起《おこ》し太鼓《だいこ》」の花形《はながた》です。たいへん名誉《めいよ》ある役目《やくめ》なので、選《えら》ばれた若者《わかもの》は必死《ひっし》につとめます。

●熱気《ねっき》につつまれる「古川祭《ふるかわまつり》」

毎年《まいとし》4月《がつ》19、20日《か》に行《おこな》われる「古川祭《ふるかわまつり》」は、飛騨《ひだ》市古川町《しふるかわちょう》の気多若宮神社《けたわかみやじんじゃ》の例祭《れいさい》で400年以上《ねんいじょう》の歴史《れきし》をもち、国《くに》の重要無形民俗文化財《じゅうようむけいみんぞくぶんかざい》に指定《してい》されています。特《とく》に有名《ゆうめい》なのが19日夜《にちよる》から行《おこな》われる「起《おこ》し太鼓《だいこ》」です。直径《ちょっけい》80センチの大太鼓《おおだいこ》をのせた勇壮《ゆうそう》な櫓《やぐら》が、数百人《すうひゃくにん》のさらし姿《すがた》の男《おとこ》たちにかつがれ、街《まち》を巡行《じゅんこう》します。太《たい》鼓《こ》の上《うえ》には２人《り》の男《おとこ》が背中合《せなかあ》わせにまたがり、バチをおろして大《おお》きな太鼓《たいこ》の音《おと》をとどろかせます。街《まち》のあちこちでは「付《つ》け太鼓《だいこ》」が櫓《やぐら》を待《ま》ちかまえます。付《つ》け太《だい》鼓《こ》は丸太《まるた》に太鼓《たいこ》を結《むす》びつけたもの。一番最初《いちばんさいしょ》に櫓《やぐら》にくっつけると、その年《とし》の幸運《こううん》がおとずれるといわれており、櫓《やぐら》が来《く》ると一気《いっき》につっこんでいきます。

「静《せい》」の屋台行列《やたいぎょうれつ》

絢爛豪華《けんらんごうか》な屋台《やたい》が並《なら》ぶ行列《ぎょうれつ》は圧巻《あっかん》です。

古川祭《ふるかわまつり》は大《おお》きく3つ行事《ぎょうじ》があります。1つ目《め》は、神社本《じんじゃほん》殿《でん》での神事《しんじ》「御神輿行列《おみこしぎょうれつ》」、2つ目《め》は「動《どう》」の「起《おこ》し太鼓《だいこ》」、3つ目《め》が「静《せい》」の「屋台行列《やたいぎょうれつ》」です。激《はげ》しい起《おこ》し太鼓《だいこ》と対《たい》照的《しょうてき》に、屋台行列《やたいぎょうれつ》は華《はな》やかな9基《き》の屋台《やたい》がゆっくりと、おごそかに町《まち》をめぐります。

古川祭《ふるかわまつり》の屋台《やたい》は、東西文化融合《とうざいぶんかゆうごう》の結晶《けっしょう》といわれています。

江戸《えど》からもたらされた屋台《やたい》が、飛騨《ひだ》の匠《たくみ》の技《わざ》によっていっそう豪華《ごうか》になり、京都《きょうと》のからくり人《にん》形《ぎょう》が加《く》わることで独自《どくじ》の形《かたち》に行《い》き着《つ》いたのです。からくりを奉《ほう》納《のう》する屋台《やたい》と子供歌舞伎《こどもかぶき》を奉納《ほうのう》する屋台《やたい》があり、それぞれ見物《けんぶつ》人《にん》の大歓声《だいかんせい》につつまれます。

● 絢爛豪華《けんらんごうか》な「高山祭《たかやままつり》(山王祭《さんのうまつり》・八幡祭《はちまんまつり》)」

高山市《たかやまし》で4月《がつ》14、15日《にち》に行《おこな》われる日枝神社《ひえじんじゃ》の「山《さん》王祭《のうまつり》」と、10月《がつ》9、10日《か》に行《おこな》われる桜山八幡宮《さくらやまはちまんぐう》の「八幡祭《はちまんまつり》」を合《あ》わせて「高山祭《たかやままつり》」といいます。2つの祭《まつ》りの見《み》どころは、豪華絢爛《ごうかけんらん》な屋台《やたい》です。この地域《ちいき》はもともと深《ふか》い山《やま》に囲《かこ》まれており、「飛騨《ひだ》の匠《たくみ》」と呼《よ》ばれる木工細工《もっこうざいく》の名人《めいじん》が集《あつ》まりました。祭屋台《まつりやたい》にはその匠《たくみ》の技《わざ》が集《あつ》められています。

埼玉県《さいたまけん》の「秩父夜祭《ちちぶよまつり》」(→②P22)、京都府《きょうとふ》の「祇園《ぎおん》祭《まつり》」(→④P20)とともに「日本三大曳山祭《にほんさんだいひきやままつり》」と呼《よ》ばれています。

屋台《やたい》から、からくり奉納《ほうのう》が披露《ひろう》されます。

春《はる》は12台《だい》、秋《あき》は11台《だい》の屋台《やたい》が出《で》ます。屋台《やたい》は3層《そう》建《だ》てで、彫刻《ちょうこく》や漆塗《うるしぬ》り、見事《みごと》な金具《かなぐ》、美《うつく》しい刺繍《ししゅう》の織《おり》物《もの》で飾《かざ》られています。屋台《やたい》にはそれぞれ「麒麟台《きりんだい》」「鳳凰台《ほうおうだい》」などの名前《なまえ》がつけられ、そのうちの数台《すうだい》はからくり人形《にんぎょう》の演技《えんぎ》を奉納《ほうのう》します。屋台《やたい》の中《なか》から綱《つな》を使《つか》って、人形《にんぎょう》を動《うご》かしているのです。

屋台《やたい》の巡行《じゅんこう》は、祭《まつ》りの初日《しょにち》からはじまります。神輿《みこし》の後《あと》には、子《こ》どもたちの獅子舞《ししまい》や雅楽《ががく》などが続《つづ》きます。

高山祭《たかやままつり》は、大名《だいみょう》の金森氏《かなもりし》がこの地《ち》をおさめていた戦《せん》国時代《ごくじだい》から江戸時代初期《えどじだいしょき》にはじまり、300年以上《ねんいじょう》の歴史《れきし》をもつといわれています。

岐阜《ぎふ》の
伝統工芸《でんとうこうげい》

美濃和紙《みのわし》／一位一刀彫《いちいいっとうぼり》／美濃焼《みのやき》

●美《うつく》しくじょうぶな「美濃和紙《みのわし》」

美濃《みの》の国《くに》（今《いま》の美濃市周辺《みのししゅうへん》）では、紙《かみ》の原料《げんりょう》となる良質《りょうしつ》なコウゾがたくさんとれたことから、古《ふる》くから紙《かみ》づくりが行《おこな》われていました。最古《さいこ》の「美濃和紙《みのわし》」は702年《ねん》のものとされ、奈良県《ならけん》の正倉院《しょうそういん》に保管《ほかん》されています。平安時代以降《へいあんじだいいこう》には生産《せいさん》がますます盛《さか》んになり、美濃和紙《みのわし》は品質《ひんしつ》がよくじょうぶで美《うつく》しいことから、買《か》い求《もと》める人《ひと》が全国《ぜんこく》から集《あつ》まったといわれます。現在《げんざい》も、工芸紙《こうげいがみ》、障子紙《しょうじがみ》、金箔《きんぱく》の間《あいだ》にしく箔合紙《はくあいし》など、質《しつ》の高《たか》い和紙《わし》をつくり続《つづ》けています。

美濃和紙《みのわし》を使《つか》ってつくる「水《みず》うちわ」

「美濃和紙《みのわし》」を使《つか》った工芸品《こうげいひん》に「水《みず》うちわ」があります。美濃和紙《みのわし》を竹《たけ》でつくった骨組《ほねぐ》みの表面《ひょうめん》にはり、専用《せんよう》のニスを何度《なんど》も塗《ぬ》って仕上《しあ》げます。そのため耐水性《たいすいせい》が高《たか》く、水《みず》でぬらしてあおぐことで涼《すず》しい風《かぜ》を楽《たの》しむことができます。また、透《す》き通《とお》った紙《かみ》に描《えが》かれた美《うつく》しい絵柄《えがら》もさわやかで、夏《なつ》に人気《にんき》の工芸品《こうげいひん》です。

絵柄《えがら》にぼかしをつけます。

繊細《せんさい》な作業《さぎょう》でつくられる水《みず》うちわ

「水《みず》うちわ」の骨組《ほねぐ》みは、職人《しょくにん》が1本《ぽん》の竹《たけ》をさき、組《く》みあげます。絵柄《えがら》は、版画技法《はんがぎほう》の1つ「シルクスクリーン」で描《えが》きます。これも職人《しょくにん》による繊細《せんさい》な仕事《しごと》です。仕上《しあ》げに専用《せんよう》のニスを塗《ぬ》って透明感《とうめいかん》を出《だ》し、涼《すず》しげなうちわに仕上《しあ》げます。

仕上《しあ》げに専用《せんよう》のニスを塗《ぬ》ります。

●木目《もくめ》の美《び》をいかす「一位一刀彫《いちいいっとうぼり》」

飛騨地方《ひだちほう》で生産《せいさん》される木工品《もっこうひん》です。江戸時代末期《えどじだいまっき》、飛騨《ひだ》の山《やま》でとれるイチイという木《き》を使《つか》って、その木目《もくめ》の美《うつく》しさをいかした彫刻《ちょうこく》の小物《こもの》がつくられるようになりました。その後《ご》、飛騨《ひだ》を代表《だいひょう》する彫刻《ちょうこく》として発展《はってん》します。イチイは、輪切《わぎ》りにすると樹皮《じゅひ》に近《ちか》いほうが白《しろ》く、芯《しん》のほうが赤《あか》いのが特《とく》徴《ちょう》。その「白太《しらた》」「赤太《あかた》」と呼《よ》ばれる部分《ぶぶん》の色《いろ》をいかしてつくられます。

「一位一刀彫《いちいいっとうぼり》」は色《いろ》つけをしません。木《き》の特性《とくせい》をいかすように、ノコギリなどで必《ひつ》要《よう》な寸法《すんぽう》の材《ざい》を切《き》り取《と》る「木取《きど》り」をし、大《おお》まかな輪郭《りんかく》を彫《ほ》る「粗彫《あらぼ》り」をします。ノミなどで細《こま》かく彫《ほ》り、みがきあげます。イチイは油分《ゆぶん》を含《ふく》んでいるため、年々《ねんねん》、油《ゆ》分《ぶん》が出《で》てきて光沢《こうたく》が出《で》ます。

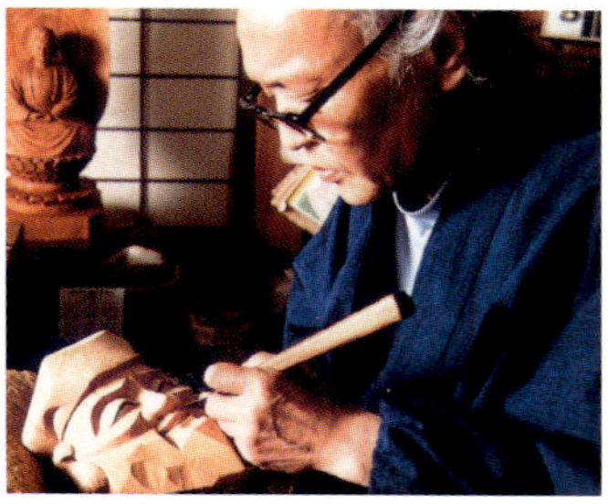

大小《だいしょう》のノミを使《つか》い分《わ》けて彫《ほ》りあげます。

●日本《にほん》を代表《だいひょう》する「美濃焼《みのやき》」

「美濃焼《みのやき》」は東濃地方《とうのうちほう》（美濃地方《みのちほう》の東部《とうぶ》）でつくられる、日本《にほん》を代表《だいひょう》する焼《や》き物《もの》です。東濃地方《とうのうちほう》では、焼《や》き物《もの》に適《てき》した良質《りょうしつ》な土《つち》と、窯《かま》をたくための木《き》が豊富《ほうふ》にとれました。そのため奈良時代《ならじだい》から焼《や》き物《もの》がつくられていました。織田信長《おだのぶなが》の保護《ほご》などもあり、安土桃山時《あづちももやまじ》代《だい》には美濃焼《みのやき》を代表《だいひょう》する陶器《とうき》の「桃山陶《ももやまとう》」が発展《はってん》しました。釉薬《うわぐすり》や絵《え》つけの技術《ぎじゅつ》も発展《はってん》し、「志野《しの》」や「織《おり》部《べ》」といったデザイン性《せい》のある焼《や》き物《もの》がつくれています。美濃焼《みのやき》は約《やく》1300年《ねん》の歴史《れきし》の中《なか》で、須恵器《すえき》や山茶《やまぢゃ》碗《わん》、桃山陶《ももやまとう》、磁器《じき》などそれぞれに特徴的《とくちょうてき》で味《あじ》わい深《ふか》いおもむきの焼《や》き物《もの》をつくりだしています。

鳴海織部茶碗《なるみおりべぢゃわん》　多治見市美濃焼ミュージアム所蔵

茶《ちゃ》の湯《ゆ》が生《う》んだ美濃焼《みのやき》を代表《だいひょう》する「桃山陶《ももやまとう》」

「桃山陶《ももやまとう》」は、経済《けいざい》と文化《ぶんか》が発《はっ》展《てん》した安土《あづち》・桃山時代《ももやまじだい》につくられた「美濃焼《みのやき》」です。このころ盛《さか》んになった茶《ちゃ》の湯《ゆ》に合《あ》わせ、その需《じゅ》要《よう》に応《こた》えるために数多《かずおお》くの器《うつわ》がつくられました。

志野茶碗《しのぢゃわん》

「志野《しの》」は釉薬《うわぐすり》に長石《ちょうせき》を使《つか》います。釉《うわ》薬《ぐすり》の下《した》に鉄《てつ》で描《えが》かれた絵《え》が、やわらかく浮《う》かびあがります。

多治見市美濃焼ミュージアム所蔵・電燈所襴コレクション

青織部向付《あおおりべむこうづけ》

緑《みどり》の釉薬《うわぐすり》をかけわけた青織部《あおおりべ》は、「織《おり》部《べ》」の代表的《だいひょうてき》な器《うつわ》です。成形《せいけい》に型《かた》を使《つか》います。左右非対称《さゆうひたいしょう》にするなど奇抜《きばつ》で斬新《ざんしん》なデザインが特徴《とくちょう》です。

多治見市美濃焼ミュージアム所蔵・電燈所襴コレクション

※須恵器《すえき》…青《あお》みがかった灰色《はいいろ》のかたい土器《どき》。

岐阜《ぎふ》の
郷土料理《きょうどりょうり》

栗《くり》きんとん／朴葉《ほおば》みそ

● ほっこりかわいい「栗《くり》きんとん」

南東部《なんとうぶ》の恵那地方《えなちほう》の山間部《さんかんぶ》では、木《き》の実《み》を使《つか》って料理《りょうり》や菓子《かし》をつくってきました。中《なか》では山栗《やまぐり》を使《つか》った「栗《くり》きんとん」は地域《ちいき》の人《ひと》たちに親《した》しまれています。栗《くり》を蒸《む》して中身《なかみ》を取《と》り出《だ》し、砂糖《さとう》を加《くわ》えて鍋《なべ》に入《い》れ、弱火《よわび》でじっくりとねっていきます。ねりあがったものを鍋《なべ》から取《と》り出《だ》し、ぬれぶきんにのせてからきゅっと包《つつ》めば、かわいい栗《くり》きんとんのできあがり。おやつやお茶《ちゃ》うけにぴったりです。

● 葉《は》の香《かお》りが食欲《しょくよく》そそる「朴葉《ほおば》みそ」

ホオの木《き》は、夏《なつ》になると30センチもの大《おお》きな葉《は》をつけます。飛騨地方《ひだちほう》では、この葉《は》を料理《りょうり》に利用《りよう》します。新緑《しんりょく》の葉《は》は朴葉《ほおば》ずしや朴葉《ほおば》もちなどに、落葉《らくよう》した枯朴葉《かれほおば》は「朴葉《ほおば》みそ」に利用《りよう》されます。朴葉《ほおば》みそは、水《みず》でもどしてしっとりさせた朴《ほお》の葉《は》の上《うえ》に、きざみネギなどの薬味《やくみ》を加《くわ》えたみそを置《お》き、下《した》から炭火《すみび》であぶったものです。朴葉特有《ほおばとくゆう》の香《かお》りが味《あじ》を引《ひ》き立《た》て、食欲《しょくよく》をそそります。現在《げんざい》は名産品《めいさんひん》として知《し》られていますが、かつては家庭《かてい》でおかずとして食《た》べられていました。そのおいしさから、「朴葉《ほおば》みそを3年間毎日《ねんかんまいにち》食《た》べ続《つづ》けると身上《しんしょう》をつぶす（破産《はさん》する）」といわれたほどです。

「五平《ごへい》さん」？「御幣《ごへい》」？ 諸説《しょせつ》いろいろ「五平餅《ごへいもち》」

ご飯《はん》を団子状《だんごじょう》にして串《くし》に刺《さ》し、みそを塗《ぬ》って焼《や》いた郷土料理《きょうどりょうり》を「ごへいもち」といいますが、由来《ゆらい》には2つの説《せつ》があるそうです。1つは、昔《むかし》、ある村《むら》に住《す》んでいた五平《ごへい》さんが最初《さいしょ》につくったという説《せつ》で、「五《ご》平餅《へいもち》」という漢字《かんじ》をあてています。もう1つは、山《やま》の神様《かみさま》に捧《ささ》げる「御幣《ごへい》」の形《かたち》に似《に》ていたからという説《せつ》で、「御幣餅《ごへいもち》」という漢字《かんじ》をあてています。 どちらにしても、「五平五合《ごへいごごう》」という米五合《こめごごう》ほど食《た》べてしまうほどおいしい「五平餅《ごへいもち》」であることに変《か》わりはありません。

岐阜《ぎふ》の芸能《げいのう》

能郷《のうごう》の能《のう》・狂言《きょうげん》

演目《えんもく》の1つ「難波《なんば》」は梅《うめ》の神霊《しんれい》・木花開耶姫《このはなさくやひめ》と王仁《わに》があらわれます。梅花《ばいか》のめでたさをたたえ、天下泰平《てんかたいへい》を祝福《しゅくふく》して舞《ま》います。

● 独自《どくじ》に発展《はってん》してきた「能郷《のうごう》の能《のう》・狂言《きょうげん》」

本巣市根尾能郷《もとすしねおのうごう》は、四方《しほう》を1000メートル以上《いじょう》の山々《やまやま》に囲《かこ》まれています。氏神《うじがみ》である白山神社《はくさんじんじゃ》には、この地域独自《ちいきどくじ》に発展《はってん》した「能《のう》・狂言《きょうげん》」があり、毎年《まいとし》4月《がつ》13日《にち》の祭礼《さいれい》で奉納《ほうのう》されます。

「能郷《のうごう》の能《のう》・狂言《きょうげん》」は、一般的《いっぱんてき》な能《のう》・狂言《きょうげん》の流派《りゅうは》とは異《こと》なっていることや、1598年《ねん》の台本《だいほん》と20もの面《めん》が残《のこ》っていることから、古《ふる》い猿楽能《さるがくのう》の形態《けいたい》を残《のこ》していると考《かんが》えられます。能郷《のうごう》の能《のう》・狂言《きょうげん》は、猿楽衆《さるがくしゅう》と呼《よ》ばれる人々《ひとびと》によって代々伝《だいだいつた》えられてきましたが、現在《げんざい》は地元《じもと》の保存会《ほぞんかい》によって継承《けいしょう》の努力《どりょく》がされています。

奉納《ほうのう》される演目《えんもく》は代々《だいだい》、口伝《くちづた》えで受《う》け継《つ》がれてきており、それぞれにストーリーや意味《いみ》があります。

岐阜《ぎふ》の民謡《みんよう》

郡上節《ぐじょうぶし》・古調川崎《こちょうかわさき》

● 郡上踊《ぐじょうおど》りの「郡上節《ぐじょうぶし》・古調川崎《こちょうかわさき》」

郡上市八幡町《ぐじょうしはちまんちょう》では、毎年《まいとし》7月《がつ》の天王祭《てんのうまつり》の奉納《ほうのう》から9月上旬《がつじょうじゅん》にかけて「郡上踊《ぐじょうおど》り」が開《ひら》かれます。期間中《きかんちゅう》はほぼ毎晩《まいばん》どこかの町《まち》で「郡上踊《ぐじょうおど》り」があり、8月《がつ》13～16日《にち》のクライマックスは徹夜踊《てつやおど》りとなります。郡上踊《ぐじょうおど》りの際《さい》に演奏《えんそう》されるはやしの総称《そうしょう》が「郡上節《ぐじょうぶし》」です。郡上節《ぐじょうぶし》には10種類《しゅるい》あり、「古調川崎《こちょうかわさき》」「やっちく」が広《ひろ》く知《し》られています。

旅《たび》の別《わか》れのせつなさを
歌《うた》っているのね

郡上節《ぐじょうぶし》・古調川崎《こちょうかわさき》

郡上のナー　八幡コラ
出て行く時は（ハ　ソンレンセ）
三度見返す　桝形を
（桝形を　コラ　ノウ　桝形を）
ハ　ソンレンセ
（三度見返す　桝形を）

天のお月様　嬶盗まれて
雲の間から　かかぁかかぁと

どんな事にも　良う別れんと
様も一口ゃ　言うておくれ

踊り疲れて　早や夜が明けた
何の話も　出来なんだ

わしの殿まは　この川上で
水の流れを　見て暮らす

思う様なら　竹樋架けて
水で便りが　してみたい

心中したげな　宗門橋で
小駄良才平と　酒樽と

郡上は馬処　あの磨墨の
名馬出したも　気良の里

今年ゃこうでも　また来年は
こうもあろまい　なよ殿ま

※猿楽《さるがく》…平安時代《へいあんじだい》の芸能《げいのう》の1つで、こっけいな物《もの》まねや言葉芸《ことばげい》。

静岡

東西交流の要所
東海道の宿場、静岡県

北に日本一高い富士山、南に広大な太平洋。江戸時代には、江戸と京都をむすぶ東海道の宿場として文化が盛んに交流し、多くの伝統工芸品が生まれました。

けっこい景色だなぁ
（美しい景色だなぁ、の意味）

静岡の芸能

西浦の田楽

役を演じる人々は、西浦の田楽が行われる約1か月前から肉を食べないといった厳しい戒律を守り続けています。こうした人々のおかげで西浦の田楽はその姿を今に伝えることができるのです。

● 静かで幻想的な「西浦の田楽」

浜松市天竜区水窪町は、旧暦の1月18日に田楽が奉納されます。五穀豊穣、無病息災、子孫繁栄などを祈願する神事で、演目は全部で47番あり、月の出から翌日の日の出まで行われます。暗闇に浮かぶ炎を背景に、狂言風の踊りや仮面の舞などが見る者を幻想的な世界へといざないます。

719年、この地に立ちよった行基菩薩が、正観世音の仏像と仮面をつくって奉納したのがはじまりとされています。行うのは祭主をつとめる「別当」と20数名の「能衆」と呼ばれる人たちです。それぞれの役はその家の男子によって代々引き継がれています。

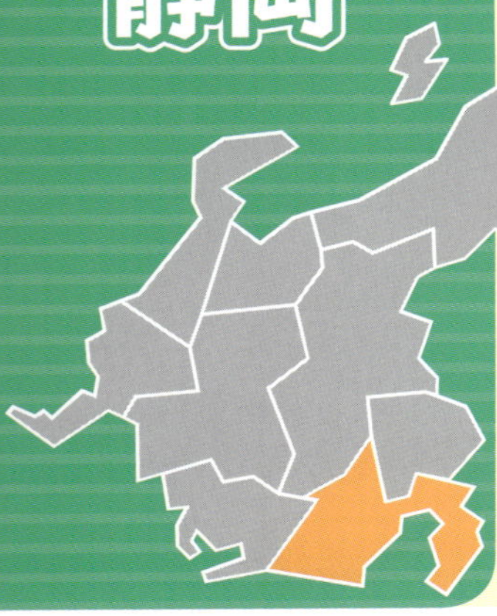

西浦《にしうれ》の田楽《でんがく》の演目《えんもく》

旧暦《きゅうれき》の1月《がつ》18日《にち》から翌朝《よくあさ》にかけて、地能《ちのう》33番《ばん》、はね能《のう》12番《ばん》（うるう年以外《としいがい》は11番《ばん》）、番外《ばんがい》2番《ばん》が演《えん》じられます。

地能《ちのう》は「庭《にわ》ならし」「もどき」「御船渡《みふねわた》し」「田楽舞《でんがくまい》」など33の演目《えんもく》から成《な》り、はね能《のう》は「高砂《たかさご》」「くらま」「べんけい」「やしま」など12（または11）演目《えんもく》、番外《ばんがい》は「獅子舞《ししまい》」「しずめ」の2演目《えんもく》があります。

地能《ちのう》は、舞庭《まいにわ》の清《きよ》め、農耕《のうこう》の祈《いの》り、神様《かみさま》の出現《しゅつげん》、という流《なが》れがあります。地能《ちのう》が終《お》わるとはね能《のう》がはじまります。はね能《のう》は、舞《まい》や謡《うた》を楽《たの》しむ芸能《げいのう》です。

はね能《のう》の「やしま」

「野々宮《ののみや》」

「野々宮《ののみや》の面《めん》」に女物《おんなもの》の布《ぬの》をかぶり前《まえ》かけをし、両手《りょうて》に花《はな》の木《き》を持《も》って舞《ま》います。

「さお姫《ひめ》」

「しんたい面《めん》」「さお姫《ひめ》の男面《おとこめん》」「さお姫《ひめ》の女面《おんなめん》」をつけた3人《にん》が踊《おど》ります。

獅子《しし》は薬師《やくし》に導《みちび》かれてゴザを踏《ふ》み、舞《ま》いをしずめます。

神様《かみさま》を迎《むか》える舞《まい》

はね能《のう》が終《お》わると番外《ばんがい》がはじまります。番外《ばんがい》は、まねいた神様《かみさま》にお帰《かえ》りいただく神事《しんじ》です。1番《ばん》の「獅子《しし》舞《まい》」、2番《ばん》の「しずめ」で西浦《にしうれ》の田楽《でんがく》は幕《まく》となります。

厳《きび》しい戒律《かいりつ》で受《う》け継《つ》がれる神事《しんじ》

1300年近《ねんちか》くも代々《だいだい》
引《ひ》き継《つ》がれているのね

西浦《にしうれ》の田楽《でんがく》で役《やく》を演《えん》じるのは能衆《のうしゅう》と呼《よ》ばれる人《ひと》たちと「タヨガミ少年《しょうねん》」と呼《よ》ばれる8～13歳《さい》の子《こ》ども2人《り》です。その人《ひと》たちを別当《べっとう》と能頭《のうがしら》が率《ひき》いて神事《しんじ》を行《おこな》います。別当《べっとう》というのは祭主《さいしゅ》で能頭《のうがしら》は舞《まい》の頭《かしら》です。昔《むかし》から世襲制《せしゅうせい》で受《う》け継《つ》がれていて、役柄《やくがら》も代々《だいだい》引《ひ》き継《つ》がれます。神事《しんじ》の前《まえ》には肉《にく》を食《た》べず、不幸《ふこう》や不浄《ふじょう》に関与《かんよ》しないという厳《きび》しい戒律《かいりつ》を守《まも》り、西浦《にしうれ》の田楽《でんがく》を受《う》け継《つ》いでいます。

静岡《しずおか》の郷土料理《きょうどりょうり》

うなぎの蒲焼《かばや》き／桜《さくら》えびのかき揚《あ》げ

●栄養満点《えいようまんてん》の「うなぎの蒲焼《かばや》き」

骨《ほね》や内蔵《ないぞう》を取《と》りのぞき、タレをつけて焼《や》く「うなぎの蒲焼《かばやき》」。1950年代《ねんだい》ごろまで、初夏《しょか》から秋《あき》にかけて県内各地《けんないかくち》の川《かわ》でウナギがよくとれました。夏《なつ》の暑《あつ》い時《じ》期《き》には、夏《なつ》バテしないようにと栄養満点《えいようまんてん》のウナギを蒲《かば》焼《やき》にし、おかずにしていたのです。

今《いま》では、ウナギの養殖《ようしょく》は浜名湖周辺《はまなこしゅうへん》で盛《さか》んに行《おこな》われています。養殖《ようしょく》が盛《さか》んになった理由《りゆう》は、ウナギの稚魚《ちぎょ》である天然《てんねん》のシラスウナギがとれたこと、水《みず》とエサが豊富《ほうふ》にあったこと、気候《きこう》が温暖《おんだん》で養殖《ようしょく》に適《てき》していたことなどがあげられます。

●さくさくした食感《しょっかん》「桜《さくら》えびのかき揚《あ》げ」

体調《たいちょう》4センチほどの小《ちい》さなエビで、海中《かいちゅう》にいる時《とき》は透明《とうめい》ですが、水揚《みずあ》げされるとうっすら桜色《さくらいろ》に変《か》わるので桜《さくら》えびと名前《なまえ》がついています。

桜《さくら》えび漁《りょう》が認《みと》められているのは駿河湾《するがわん》だけなので、国内《こくない》の水揚《みずあ》げは100パーセント駿河湾《するがわん》となります。好《この》みのきざんだ野菜《やさい》と桜《さくら》えびをころもにからませて油《あぶら》で揚《あ》げます。さくさくとした桜《さくら》えびの香《こう》ばしさと甘味《あまみ》がおいしい静岡《しずおか》の郷土料理《きょうどりょうり》です。

食《た》べたい！　知《し》りたい！

ご当地《とうち》グルメ

静岡《しずおか》おでん

牛《ぎゅう》スジからとったダシに、濃口《こいくち》しょうゆで味《あじ》つけされた煮汁《にじる》の色《いろ》はまっ黒《くろ》！　具《ぐ》は1つ1つ串《くし》に刺《さ》さっています。駄菓子屋《だがしや》でも売《う》られていて、串《くし》の数《かず》でお会計《かいけい》します。イワシやアジを骨《ほね》ごとすりつぶしてつくる「黒《くろ》はんぺん」も特徴《とくちょう》の1つです。色《いろ》は黒《くろ》くても、味《あじ》はあっさりしていて子《こ》どもから大人《おとな》まで親《した》しまれている郷土食《きょうどしょく》です。けずり節《ぶし》を細《こま》かくしたけずり粉《こ》や青《あお》のりをかけて食《た》べるのも特徴《とくちょう》です。

静岡《しずおか》の
伝統工芸《でんとうこうげい》

駿河竹千筋細工《するがたけせんすじざいく》／駿河雛人形《するがひなにんぎょう》

丸《まる》いひごで組《く》んだ「駿河竹千筋細工《するがたけせんすじざいく》」

　安倍川《あべかわ》とその支流《しりゅう》の藁科川流域《わらしながわりゅういき》では、昔《むかし》から良質《りょうしつ》の竹《たけ》がとれています。弥生時代《やよいじだい》の登呂遺跡《とろいせき》からも竹《たけ》を使《し》用《よう》したザルやカゴが出土《しゅつど》しています。江戸時代《えどじだい》には精《せい》巧《こう》なカゴ枕《まくら》が東海道《とうかいどう》を行《い》く参勤交代《さんきんこうたい》の諸大名《しょだいみょう》に人気《にんき》があったといわれています。

　ほかの産地《さんち》の竹細工《たけざいく》が平《たい》らな竹《たけ》ひごを使《つか》っているのに対《たい》して、「駿河竹千筋細工《するがたけせんすじざいく》」は、丸《まる》ひごを使《つか》っているところが特徴《とくちょう》です。ひごとは、竹《たけ》を細《ほそ》く割《わ》ったもの。それを鉄板《てっぱん》の穴《あな》に通《とお》してさらに細《ほそ》く、丸《まる》くしていきます。「千筋《せんすじ》」とは、「畳《たたみ》の幅《はば》、約《やく》90センチに1000本《ぼん》並《なみ》ぶ細《ほそ》さ」という意味《いみ》です。この丸《まる》ひごを、熱《ねっ》して丸《まる》くした竹《たけ》の輪《わ》にさして、花器《かき》、小物入《こものい》れ、バッグなどをつくります。

竹《たけ》を一定《いってい》の細《ほそ》さにさき、削《けず》って丸《まる》ひごをつくります。

熟練《じゅくれん》の職人《しょくにん》が竹《たけ》を熱《ねっ》して輪《わ》をつくります。

優《やさ》しい雰囲気《ふんいき》の「駿河雛人形《するがひなにんぎょう》」

　「駿河雛人形《するがひなにんぎょう》」は、ふくよかで優《やさ》しい雰囲気《ふんいき》の人形《にんぎょう》です。ワラを束《たば》ねて太《ふと》くしたもの「藁胴《わらどう》」で胴体《どうたい》をつくります。このワラの束《たば》を人形《にんぎょう》の胸部分《むねぶぶん》のカーブに合《あ》わせて斜《なな》めに切《き》り、人形《にんぎょう》の体《からだ》に丸《まる》みをもたせています。静岡県《しずおかけん》の中部地域《ちゅうぶちいき》ではコメづくりが盛《さか》んで、稲《いな》ワラが手《て》に入《はい》りやすかったことから、胴《どう》にワラが使《つか》われるようになったといわれています。

　人形《にんぎょう》をつくる際《さい》、「振《ふ》り付《つ》け」という両手《りょうて》を曲《ま》げる工程《こうてい》があります。この作業《さぎょう》には職人《しょくにん》の個性《こせい》と技術《ぎじゅつ》が発《はっ》揮《き》されます。その「振《ふ》り付《つ》け」から、だれの製作《せいさく》かがわかるほどだといわれています。

掛川大祭《かけがわおおまつり》／浜松《はままつ》まつり

●巨大《きょだい》な獅子《しし》が舞《ま》う「掛川大祭《かけがわおおまつり》」

掛川市《かけがわし》は、掛川城《かけがわじょう》の城下町《じょうかまち》であり、また東海道《とうかいどう》の宿《しゅく》場町《ばまち》として古《ふる》くから栄《さか》えてきました。江戸時代《えどじだい》には年《ねん》に1度《ど》、無礼講《ぶれいこう》（身分《みぶん》や地位《ちい》を無視《むし》して行《おこな》う宴《うたげ》）があり、それが「掛川祭《かけがわまつり》」のはじまりといわれています。掛川祭《かけがわまつり》は毎年《まいとし》10月上旬《がつじょうじゅん》に市街地《しがいち》を中心《ちゅうしん》に行《おこな》われますが、大祭《おおまつり》と小祭《こまつり》があり、大祭《おおまつり》は3年《ねん》に1度《ど》です。

3年《ねん》に1度《ど》の大祭《おおまつり》

大祭《おおまつり》では、華《はな》やかに装飾《そうしょく》された40台近《だいちか》くの屋台《やたい》が各町内《かくちょうない》を巡行《じゅんこう》します。また三大余興《さんだいよきょう》として仁藤町《にとうまち》の「大獅子《おおじし》」、瓦町《かわらまち》の「かんからまち」と呼《よ》ばれる獅子舞《ししまい》、西町《にしまち》の大名行列《だいみょうぎょうれつ》を模《も》した「奴道中《やっこどうちゅう》」があります。大獅子《おおじし》は日本最大級《にほんさいだいきゅう》の獅子《しし》で、重《おも》さ約《やく》220キロ、胴体《どうたい》は25メートルにおよびます。百数十人《ひゃくすうじゅうにん》で操《あやつ》り激《はげ》しく舞《ま》います。

各町《かくまち》の個性《こせい》が光《ひか》る小祭《こまつり》

大祭《おおまつり》にあたらない年《とし》は小祭《こまつり》が行《おこな》われます。祭《まつ》りの特徴《とくちょう》の1つが屋台《やたい》です。町《まち》ごとに出《だ》される飾《かざ》り屋台《やたい》は、二輪型《にりんがた》の珍《めずら》しいものであり、それぞれのしきたりにしたがって、おはやしを奏《かな》でながら屋台《やたい》とともに移動《いどう》し、獅子舞《ししまい》などの出《だ》し物《もの》を披露《ひろう》します。屋台《やたい》と屋台《やたい》がすれ違《ちが》う時《とき》には、「徹花《てっか》」と呼《よ》ばれる儀式《ぎしき》が行《おこな》われます。徹花《てっか》は、道《みち》が狭《せま》かった昔《むかし》、屋台《やたい》どうしがぶつからないように確認《かくにん》する儀式《ぎしき》で、今《いま》は町《まち》どうしのあいさつの意味合《いみあ》いが強《つよ》くなっています。

● 空に大きな凧が舞う「浜松まつり」

「浜松まつり」といえば、凧あげ合戦が有名です。毎年5月3〜5日の期間中、昼間は中田島砂丘で凧あげ合戦が行われます。大きさが1.5〜3メートル四方の大きな凧が、140以上もいっせいに、5月のさわやかな風にのって青空に舞いあがります。ラッパの音が鳴ると、各町入り乱れて糸きり合戦です。凧の糸を上からのせたり、下からすくいあげたりして、摩擦によって切るのです。

凧あげ合戦の凧の大きさは、小さいものでも約2メートル四方あり、大きいものになると約3.5メートル四方あります。

家紋と子どもの名前が入った凧は、「初凧」です。初凧とは、長男が生まれた家に町内の若者たちが端午の節句として祝い凧を贈り、空へあげる風習です。

凧のサイズは大きいもので約3.5メートル四方にもなります。

ほかの凧の糸とこすり合って糸を切ります。そのため、「ケンカ凧」とも呼ばれます。

静岡の民謡 ちゃっきり節

北原白秋／作詞　町田佳聲／作曲

● 遊園地の宣伝曲「ちゃっきり節」

1926年に、静岡電鉄（今の静岡鉄道）が狐ヶ崎遊園地を建設・開園しました。その宣伝のためにつくったのが、「ちゃっきり節」です。大正から昭和初期にかけて、街おこしや宣伝のためにその地に伝わる民謡を紹介したり、民謡風の新曲をつくったりする動きが各地で見られました。ちゃっきり節もその1つで、この曲の作詞を手がけたのが詩人・歌人の北原白秋です。

1931年にレコード化され、有名になったのよ

ちゃっきり節

唄はちゃっきり節
男は次郎長　花は橘
夏は橘　茶の香り
「ちゃっきり　ちゃっきり
ちゃっきりよ
蛙が鳴くんて　雨づらよ」

茶山茶所　茶は縁所
ねえね行かずか
やあれ行かずか　お茶摘みに

駿河よい国　茶の香が匂うて
いつも日和の　沖の日和の　大漁船

お茶の茶山の　茶の木の下で
お前ちゃ何というた
いつか何というた　お茶山で

さぁさ行こ行こ　茶山の原に
日本平の　山の平の
お茶摘みに

日永そよ風　南が晴れて
茶摘み鋏の　揃た鋏の
音のよさ

どんどどんどと　積み出すお茶は
茶摘み娘の　歌で娘の
摘んだ茶葉

お山見れ見れ　あの笠雲を
ねえね着て出や　今朝は着て出や
菅の笠

静岡

愛知《あいち》

ものづくりの一大拠点《いちだいきょてん》

産業《さんぎょう》が盛《さか》んな愛知県《あいちけん》

戦国時代《せんごくじだい》には、かつての尾張《おわり》から織田信長《おだのぶなが》と豊臣秀吉《とよとみひでよし》、三河《みかわ》から徳川家康《とくがわいえやす》の「三英傑《さんえいけつ》」を輩出《はいしゅつ》しました。独特《どくとく》の文化《ぶんか》と工芸品《こうげいひん》が生《う》まれ、現在《げんざい》もさまざまな産業《さんぎょう》が盛《さか》んです。

どえりゃあうめえ！
（とってもおいしい！ の意味《いみ》）

愛知《あいち》の 伝統工芸《でんとうこうげい》

尾張七宝《おわりしっぽう》

ガラス質《しつ》の釉薬《うわぐすり》と銅《どう》や銀《ぎん》の材料《ざいりょう》でつくる尾張七宝《おわりしっぽう》の焼《や》き物《もの》は宝石《ほうせき》のような美《うつく》しさです。

●透明感《とうめいかん》が美《うつく》しい「尾張七宝《おわりしっぽう》」

「七宝《しっぽう》」とは、仏典《ぶってん》に出《で》てくる「七種《ななしゅ》の金属《きんぞく》、宝石類《ほうせきるい》」のことです。焼《や》き物《もの》は土《つち》や粘土《ねんど》を形《かたち》にして焼《や》きあげますが、「七宝焼《しっぽうや》き」は銅《どう》や銀《ぎん》の金属素地《きんぞくそじ》を使《つか》い焼《や》きます。表面《ひょうめん》にはガラス質《しつ》の釉薬《うわぐすり》をほどこして、華《はな》やかな図柄《ずがら》をあしらいます。「尾張七宝《おわりしっぽう》」は、図柄《ずがら》の輪郭《りんかく》に銀線《ぎんせん》をあしらっていることが特徴《とくちょう》です。

江戸時代後期《えどじだいこうき》に、尾張《おわり》（今《いま》の愛知県《あいちけん》）の梶常吉《かじつねきち》がオランダ船《せん》で輸入《ゆにゅう》された七宝《しっぽう》の皿《さら》を手《て》がかりにその製法《せいほう》を発見《はっけん》し、改良《かいりょう》を加《くわ》えたのが尾張七宝《おわりしっぽう》のはじまりとされます。梶常吉《かじつねきち》によるもっとも古《ふる》い作品《さくひん》は1833年《ねん》の七宝《しっぽう》ぐい呑《の》みで、以後《いご》、急速《きゅうそく》に七宝《しっぽう》の製造《せいぞう》が広《ひろ》まり、尾張地方《おわりちほう》は日本《にほん》の七宝製造《しっぽうせいぞう》の中心地《ちゅうしんち》となりました。

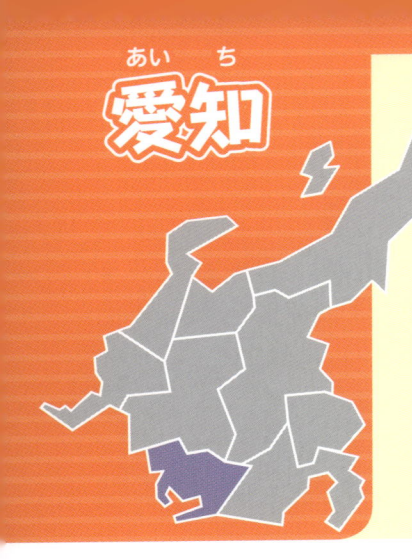

尾張七宝《おわりしっぽう》の模様《もよう》づけ

① 絵《え》つけ

下絵《したえ》を描《か》きます。銅板《どうばん》に直接墨《ちょくせつすみ》で描《か》いたり、白《しろ》の釉薬《うわぐすり》をつけて下焼《したや》きしたものに描《か》いたりします。

② 植線《しょくせん》

墨《すみ》で下描《したが》きした絵柄《えがら》にそって、銀線《ぎんせん》をのりでつけていきます。銀線《ぎんせん》は模様《もよう》の輪郭線《りんかくせん》になります。

③ 施釉《せゆう》

植線《しょくせん》がおわった素地《そじ》を台《だい》に固定《こてい》して、線《せん》と線《せん》の間《あいだ》に釉薬《うわぐすり》をさしていきます。

④ 研磨《けんま》

700 ～ 800℃の窯《かま》で何回《なんかい》も焼《や》き、釉薬《うわぐすり》の層《そう》を完成《かんせい》させます。仕上《しあ》げに凹凸《おうとつ》の残《のこ》る表《ひょう》面《めん》をとぎなめらかにし、みがきあげていきます。

図柄《ずがら》を描《えが》く銀線《ぎんせん》

「尾張七宝《おわりしっぽう》」の特徴《とくちょう》の１つが図柄《ずがら》を描《えが》く時《とき》に使《つか》う銀線《ぎんせん》です。墨《すみ》で下絵《したえ》を描《か》いた後《あと》、下絵《したえ》にそって、銀線《ぎんせん》を特殊《とくしゅ》なのりで立《た》てながらつけていきます。銀線《ぎんせん》で図柄《ずがら》の輪郭《りんかく》を描《えが》くのです。その後《ご》、ガラス質《しつ》の釉薬《うわぐすり》を使《つか》って色《いろ》づけをして焼《や》きます。

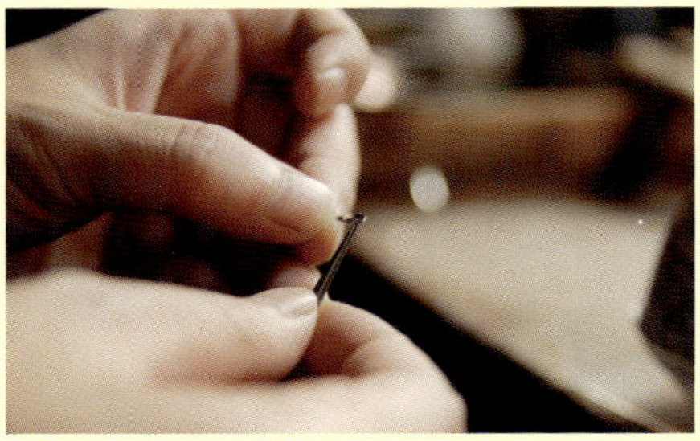

愛知《あいち》の伝統工芸《でんとうこうげい》

有松《ありまつ》・鳴海絞《なるみしぼり》

●粋《いき》でおしゃれな柄《がら》の「有松《ありまつ》・鳴海絞《なるみしぼり》」

名古屋市《なごやし》有松《ありまつ》・鳴海《なるみ》地域《ちいき》を中心《ちゅうしん》に生産《せいさん》される絞《しぼ》り染《ぞ》めの織物《おりもの》で、木綿《もめん》の生地《きじ》を藍《あい》で染《そ》めたものです。糸《いと》のくくり方《かた》で模様《もよう》が変《か》わり、その技法《ぎほう》は100種類《しゅるい》におよびます。約《やく》400年前《ねんまえ》、尾張藩《おわりはん》が「有松《ありまつ》・鳴海絞《なるみしぼり》」を藩《はん》の特産品《とくさんひん》として保護《ほご》したことから生産《せいさん》が盛《さか》んになりました。東海道《とうかいどう》を往来《おうらい》する旅人《たびにん》が故郷《こきょう》へのお土産《みやげ》に買《か》い求《もと》めたことで街道一《かいどういち》の名産品《めいさんひん》となり、浮世絵師《うきよえし》の葛飾北斎《かつしかほくさい》や歌川広重《うたがわひろしげ》の絵《え》にも登場《とうじょう》しました。

絞《しぼ》りによって1つ1つ違《ちが》う模様《もよう》になります。

絞《しぼ》っていた糸《いと》をとき、布《ぬの》を洗《あら》うときれいな模様《もよう》があらわれます。

愛知《あいち》の芸能《げいのう》

三河万歳《みかわまんざい》

●おめでたい芸能《げいのう》「三河万歳《みかわまんざい》」

安城市《あんじょうし》、西尾市《にしおし》、幸田町《こうたちょう》に伝《つた》わる芸能《げいのう》です。当時《とうじ》の万歳《まんざい》とは、烏帽子《えぼし》に大紋《だいもん》を着《き》た「太夫《たゆう》」が、「才蔵《さいぞう》」の打《う》つ鼓《つづみ》に合《あ》わせ、めでたい文句《もんく》をかけ合《あ》いでとなえるものでした。「おめでたいことをいえば、おめでたいことが起《お》こる」と信《しん》じる祝福芸《しゅくふくげい》の1つ「予祝《よしゅく》の芸《げい》」だったのです。

万歳《まんざい》の演目《えんもく》

神道三河万歳《しんとうみかわまんざい》

太夫《たゆう》と才蔵《さいぞう》の2人《り》で演《えん》じます。鶴《つる》、亀《かめ》、鯛《たい》、繁盛《はんじょう》などめでたい詞《ことば》をかけ合《あ》いながら、身《み》振《ぶ》り手振《てぶ》りをまじえて舞《ま》います。もっとも伝統的《でんとうてき》な演目《えんもく》です。

三河御殿万歳《みかわごてんまんざい》

鶴《つる》と亀《かめ》、神々《かみがみ》の名《な》、七福神《しちふくじん》が次々《つぎつぎ》と登場《とうじょう》するにぎやかな演目《えんもく》です。太夫《たゆう》は扇《おうぎ》を手《て》にして中央《ちゅうおう》に立《た》ち、才蔵《さいぞう》は鼓《つづみ》を持《も》って左右《さゆう》に2～3人《にん》ずつ並《なら》びます。

三曲万歳《さんきょくまんざい》

歌舞伎《かぶき》の名場面《めいばめん》を題材《だいざい》に、おもしろおかしい言葉《ことば》やしぐさで演《えん》じます。鼓《つづみ》、三味線《しゃみせん》、胡弓《こきゅう》の3つの楽器《がっき》を使《つか》うので三曲万歳《さんきょくまんざい》といいます。

※烏帽子《えぼし》…貴族《きぞく》や武士《ぶし》の装束《しょうぞく》の1つ。成人《せいじん》した男性《だんせい》のかぶりもの。　※大紋《だいもん》…大形《おおがた》の紋《もん》を5か所《しょ》に染《そ》めた江戸時代《えどじだい》の大名《だいみょう》の正装《せいそう》。

愛知《あいち》の
郷土料理《きょうどりょうり》

ひつまぶし／きしめん／味噌煮込《みそにこ》みうどん

画像提供：グルメサイト「ヒトサラ」

●いろいろな食《た》べ方《かた》ができる「ひつまぶし」

ひつまぶしとは、木製《もくせい》の容器《ようき》でつくったひつの中《なか》にご飯《はん》を入《い》れ、上《うえ》にきざんだ「うなぎの蒲焼《かばや》き」（→③P52）をのせた料理《りょうり》です。明治時代《めいじじだい》、名古屋市《なごやし》の料理《りょうり》屋《や》でつくられたものが人気《にんき》を呼《よ》び広《ひろ》がりました。ひつまぶしは、まずそのまま1膳目《ぜんめ》を食《た》べます。2膳目《ぜんめ》はきざみネギやのり、ワサビなどの薬味《やくみ》をかけて食《た》べ、3膳目《ぜんめ》はお茶《ちゃ》やダシ汁《じる》をかけて茶《ちゃ》づけとして食《た》べるのが一般的《いっぱんてき》です。

●名古屋人《なごやじん》の気質《きしつ》にマッチした「きしめん」

「きしめん」は小麦粉《こむぎこ》でつくられる、平《ひら》たいめんのことです。めんが平《ひら》たいと、早《はや》くゆであがります。それが時間《じかん》を節約《せつやく》する名古屋《なごや》の人々《ひとびと》の気質《きしつ》にマッチしたため、名物《めいぶつ》になったといわれています。きしめんの上《うえ》に青菜《あおな》や油揚《あぶらあ》げ、カツオ節《ぶし》などをのせ、しょうゆ味《あじ》のつゆをかけて食《た》べます。

豆《まめ》みそには、「八丁味噌《はっちょうみそ》」（商標《しょうひょう》）（→②P57）「三河《みかわ》みそ」などいろいろな呼《よ》び方《かた》があります。

●豆《まめ》みそでつくる「味噌煮込《みそにこ》みうどん」

豆《まめ》みそを使《つか》った料理《りょうり》の定番《ていばん》が名古屋名物《なごやめいぶつ》「味噌煮込《みそにこ》みうどん」です。豆《まめ》みそやたまりしょうゆで味《あじ》つけしたダシを土鍋《どなべ》に入《い》れ、コシの強《つよ》い生《なま》めんと鶏肉《とりにく》、油揚《あぶらあ》げ、かまぼこなどを入《い》れてアツアツに煮《に》こんだ料理《りょうり》です。武田家《たけだけ》から伝《つた》わった「ほうとう」（→③P32）を尾張《おわり》の徳川家《とくがわけ》が、豆《まめ》みそで煮《に》こんで食《た》べたという説《せつ》や、愛知県一宮地方《あいちけんいちのみやちほう》の繊維産業《せんいさんぎょう》で働《はたら》く人々《ひとびと》の昼食《ちゅうしょく》が名古屋《なごや》地方《ちほう》に伝《つた》わったという説《せつ》などがあります。芳醇《ほうじゅん》なみその香《かお》りただよう郷土料理《きょうどりょうり》です。

花《はな》祭《まつり》

●鬼《おに》が舞《ま》う「花《はな》祭《まつり》」

奥《おく》三《み》河《かわ》の山間部《さんかんぶ》にある東栄町《とうえいちょう》の15の集落《しゅうらく》に伝《つた》えられている祭《まつ》りです。毎年《まいとし》11月《がつ》～3月《がつ》にかけて行《おこな》われます。冬《ふゆ》に衰《おとろ》えた大地《だいち》の精霊《せいれい》たちを復活《ふっかつ》させるため、八《や》百《お》万《よろず》の神《かみ》を迎《むか》えます。人々《ひとびと》は「花祭《はなまつり》」を通《とお》して五穀《ごこく》豊穣《ほうじょう》や厄《やく》除《よ》けを祈願《きがん》します。

花祭《はなまつり》に登場《とうじょう》する鬼《おに》は、みな、神様《かみさま》の化身《けしん》。まさかりを振《ふ》り回《まわ》して乱舞《らんぶ》する小鬼《こおに》たちをかきわけるように、「山《やま》見《み》鬼《おに》」「榊鬼《さかきおに》」「茂《も》吉《きち》鬼《おに》」と呼《よ》ばれる親鬼《おやおに》たちが登《とう》場《じょう》します。一晩中《ひとばんじゅう》くりひろげられる舞《まい》は、子《こ》どもたちの可憐《かれん》な舞《まい》から若者《わかもの》の勇壮《ゆうそう》な舞《まい》まで数十種類《すうじゅっしゅるい》の舞《まい》があります。

聖《せい》なる湯《ゆ》をわかし神仏《しんぶつ》を迎《むか》える

祭《まつ》りが行《おこな》われるのは、村《むら》や神社《じんじゃ》の集会所《しゅうかいじょ》です。土《ど》間《ま》の中心《ちゅうしん》に聖《せい》なる湯《ゆ》をわかす釜《かま》をおき、天井《てんじょう》には神仏《しんぶつ》を迎《むか》えるために切紙細工《きりがみざいく》をつるして、舞庭《まいど》と呼《よ》ぶ空間《くうかん》をつくり出《だ》します。祭《まつ》りは、一昼《いっちゅう》夜《や》にわたり、神事《しんじ》と芸能《げいのう》がくりひろげられます。

「湯囃子《ゆばやし》」と呼《よ》ばれる舞《まい》では、釜《かま》にわかした湯《ゆ》を出演《しゅつえん》者《しゃ》たちが観客《かんきゃく》に浴《あ》びせます。この湯《ゆ》を浴《あ》びると1年《ねん》間《かん》病気《びょうき》にかからないといわれています。

舞《まい》の演目《えんもく》

「花《はな》の舞《まい》」「三《みっ》ツ舞《まい》」「湯囃子《ゆばやし》」「おつるひゃら」などの舞《まい》があります。花《はな》の舞《まい》は、子《こ》どもの初舞台《はつぶたい》となる舞《まい》で、手《て》に花笠《はながさ》を持《も》って舞《ま》います。おつるひゃらは、おかめとひょっとこの面《めん》をつけた人《ひと》による舞《まい》で、五平餅《ごへいもち》（→③P48）やみそのついたすりこぎ、ご飯粒《はんつぶ》のついたしゃもじを持《も》って舞《ま》います。このみそやご飯《はん》をつけられると縁起《えんぎ》がいいといわれています。

剣《けん》や扇《おうぎ》などを持《も》った少年《しょうねん》3人《にん》による「三《みっ》ッ舞《まい》」

登場《とうじょう》する鬼《おに》たち

舞庭《まいど》に悠然《ゆうぜん》とあらわれる山見鬼《やまみおに》、榊鬼《さかきおに》、茂吉鬼《もきちおに》。榊鬼《さかきおに》はもっとも重要《じゅうよう》な鬼《おに》とされ、ヘンベ（反閇《へんばい》）という足踏《あしぶ》みで悪霊《あくりょう》を鎮《しず》め、大地《だいち》の精霊《せいれい》を呼《よ》びさまし五穀豊穣《ごこくほうじょう》をもたらします。

花祭《はなまつり》のはじまりは、鎌倉《かまくら》、室町時代《むろまちじだい》に山《やま》で修行《しゅぎょう》していた山伏《やまぶし》や聖《ひじり》という人々《ひとびと》によってこの地《ち》に伝《つた》えられたとされます。日本《にほん》の古《ふる》い信仰《しんこう》の形《かたち》が残《のこ》っており、国《くに》の重要無形民俗文化財《じゅうようむけいみんぞくぶんかざい》に指定《してい》されています。

古戸地区《ふるどちく》の榊鬼《さかきおに》。地区《ちく》によって、鬼《おに》の姿《すがた》が変《か》わります。

愛知《あいち》の はぁ〜♪ 民謡《みんよう》

岡崎五万石《おかざきごまんごく》

● 心意気《こころいき》をあらわす「岡崎五万石《おかざきごまんごく》」

岡崎市《おかざきし》を中心《ちゅうしん》に歌《うた》い継《つ》がれた、愛知県《あいちけん》を代表《だいひょう》する民謡《みんよう》です。重要《じゅうよう》な交通機関《こうつうきかん》だった矢作川《やはぎがわ》を行《い》き来《き》した船頭《せんどう》たちが歌《うた》いはじめたという説《せつ》や、「三河万歳《みかわまんざい》」（→③P58）の歌《うた》が変化《へんか》したものという説《せつ》があります。いずれにしても、そのおおもとは大木《たいぼく》や岩《いわ》を大《おお》ぜいで運《はこ》ぶ時《とき》に歌《うた》う仕事歌《しごとうた》「木遣《きや》り歌《うた》」と考《かんが》えられ、木遣《きや》り歌独特《うたどくとく》のゆったりとしたテンポが特徴《とくちょう》です。

岡崎五万石《おかざきごまんごく》

五万石でも　岡崎様は
アー　ヨイコーノ　シャンセー
お城下まで　舟が着く
ションガイナ
アーヤレコーノ　舟が着く
お城下まで　舟が着く
ションガイナ　アー　ヨーイヨーイ
ヨイコーノ　シャンセ
まだまだ　囃そう

花は桜木　人なら武士よ
武士と言やれば　三河武士

わしの心は　矢作の白帆
行く方白波　水の儘

矢作上れば　お城が見える
芦の葉越しの　松の間に

見たか聞いたか　岡崎様の
お馬印の　三つ団子

おまえひとりか　連れ衆はないか
連れ衆あとから　駕籠でくる

安く見やんな　岡崎生まれ
天下取ったは　三河武士

岡崎《おかざき》の誇《ほこ》りと心意気《こころいき》をあらわした民謡《みんよう》なのよ

さくいん

①～⑥は「都道府県別《とどうふけんべつ》 日本《にほん》の伝統文化《でんとうぶんか》」の各巻《かくかん》を示《しめ》しています。
その後《あと》に続《つづ》く数字《すうじ》は、ページを示《しめ》しています。

伝統工芸《でんとうこうげい》

郷土料理《きょうどりょうり》

祭《まつ》り

芸《げい》能《のう》

民《みん》謡《よう》

企画・制作	やじろべー
	ナイスク　http://naisg.com
	松尾里央　高作真紀　岡田かおり　鈴木英里子　宿谷佳子　中澤汎造
制作協力	瀬尾ゆかり
表紙デザイン	清水佳子（smz'）
本文デザイン・DTP	高八重子　櫻井康之
イラスト	有限会社Imagination Creative

●撮影／写真／取材協力
やまだ織株式会社／新潟観光コンベンション協会／妙高市観光協会／一般社団法人 十日町市観光協会松之山事務所／柏崎市綾子舞保存振興会／井波彫刻協同組合／農事組合法人 五箇山和紙／鱒寿司本舗 千歳／富山県農産食品課／越中八尾観光協会／砺波市出町子供歌舞伎曳山会館／富山県教育委員会／石川県箔商工業協同組合／株式会社タジマ／公益社団法人 石川県観光連盟／石川県箔商工／石川県輪島漆芸美術館／協同組合 加賀染振興協会／石川県観光連盟／株式会社橋本確文堂／日本うま味調味料協会／能登町ふるさと振興課／金沢市／白山市教育委員会／石川県／加賀銘菓の越野／越前和紙の里紙の文化博物館／越前焼工業協同組合／公益社団法人 福井県観光連盟／越前そばの里／福井県／越前かに成前／福井県池田町／山梨県水晶美術彫刻協同組合／甲府印伝商工業協同組合／山梨県印章業組合連合会／不動ほうとう／富士吉田市／元祖みな与／富士河口湖町観光課／一般財団法人ふじよしだ観光振興サービス／山梨県甲府市教育委員会／山梨県立博物館／北杜市教育委員会／松本家具工芸協同組合／信州打刃物工業協同組合／畑山充吉／滝ာテーシークラブ／諏訪大社／千曲市教育委員会／信州・長野県観光協会／多治見市美濃焼ミュージアム／青織部電燈所襴コレクション／株式会社柏鳥堂／日下部味噌醤油醸造株式会社／飛騨古川まつり会館／飛騨高山まつりの森／本巣市教育委員会／静岡竹工芸協同組合／株式会社宮秀／有限会社うなぎの井口／静岡おでんの会／掛川市商工観光課／浜松まつり会館／SOU・SOU／有限会社 加藤七宝製作所／一般財団法人 うどんミュージアム【博物館】／安城の三河万歳後援会／帝京大学やまなし伝統工芸館／富士勝山スズ竹伝統工芸センター／東栄町

●参考資料／参考文献
『伝統工芸（ポプラディア情報館）』（ポプラ社）『日本の伝統産業（物産編）』（通産企画調査会）『日本の伝統工芸（全12巻）』（ぎょうせい）／『郷土料理大図鑑』（PHP研究所）『郷土料理（ポプラディア情報館）』（ポプラ社）／『まるごとわかるふるさとおもしろ食べもの百科（全5巻）』（日本図書センター）／『日本の祭り事典』（汐文社）／『日本の祭り大図鑑』（PHP研究所）／『日本の祭り文化事典』（東京書籍）／『日本の祭り―旅と観光』（新日本法規出版）／『祭・芸能・行事大辞典』（朝倉書店）／『能・狂言事典』（平凡社）／『年中行事大辞典』（吉川弘文館）／『農村民俗芸能便覧』（社団法人全国農協観光協会）／『日本の民謡 東日本編（現代教養文庫）』（社会思想社）／『日本の民謡―西日本編（現代教養文庫）』（社会思想社）／『方言（ポプラディア情報館）』（ポプラ社）／伝統工芸 青山スクエア（HP）

都道府県別 日本の伝統文化
❸中部

2014年2月10日初版第1刷発行　2023年10月20日初版第4刷発行

編集　国土社編集部

発行　株式会社　国土社
　　　〒101-0062　東京都千代田区神田駿河台2-5
　　　TEL 03-6272-6125　FAX 03-6272-6126　http://www.kokudosha.co.jp

印刷　株式会社　厚徳社
製本　株式会社　難波製本

NDC380（750・596・383・386・388・801）64P 28㎝　ISBN978-4-337-27803-5　C8339